古代歷史文化研究輯刊

二三編

王 明 蓀 主編

第 9 冊

明清天津駐軍研究（1368～1840）（下）

李 鵬 飛 著

國家圖書館出版品預行編目資料

明清天津駐軍研究（1368～1840）（下）／李鵬飛 著 — 初
版 — 新北市：花木蘭文化事業有限公司，2020〔民109〕
目 4+142 面；19×26 公分
（古代歷史文化研究輯刊 二三編；第 9 冊）
ISBN 978-986-518-034-8（精裝）
1. 軍事史 2. 天津市
618   109000477

ISBN-978-986-518-034-8

古代歷史文化研究輯刊
二三編　第九冊　　　　　ISBN：978-986-518-034-8

明清天津駐軍研究（1368～1840）（下）

作　　　者　李鵬飛
主　　　編　王明蓀
總 編 輯　杜潔祥
副總編輯　楊嘉樂
編　　　輯　許郁翎、張雅淋　美術編輯　陳逸婷
出　　　版　花木蘭文化事業有限公司
發 行 人　高小娟
聯絡地址　235 新北市中和區中安街七二號十三樓
　　　　　電話：02-2923-1455／傳眞：02-2923-1452
網　　　址　http://www.huamulan.tw 信箱 hml810518@gmail.com
印　　　刷　普羅文化出版廣告事業
初　　　版　2020 年 3 月
全書字數　264394 字
定　　　價　二三編 21 冊（精裝）台幣 55,000 元

明清天津駐軍研究（1368～1840）（下）

李鵬飛　著

目

次

第五章　明代天津地區軍事工程

第一節　天津衛城

　　城池在古代軍事防禦上具有重要作用，對此佚名《修武清縣磚城記》有如下論述，「余惟帝王撫有天下，建萬國以綏兆民，必先立之城廓，環之溝池，然後分田授宅，開廛立市，以次而完其生理焉。凡以民保於城，非城則民不能自存，譬之居室，垣墉之不高，扃鑰之不謹，盜將入而殺之矣，寧自保哉？」〔註1〕明代天津巡撫李邦華也稱，「講武之家尤先需城守焉，蓋軍為有腳之城，能合能分而不能固，城為不餉之軍，可防可禦而不可踰」〔註2〕。

　　天津衛城的修築大致與設衛同時，關於天津衛城開始修築的時間，各種史書中的記載不盡相同，主要有永樂元年、永樂二年兩種說法，以下對這兩種說法進行分析。《國朝列卿紀》記載，張思恭「革除三年召拜工部左侍郎，出使於外。四年，靖難，召還，復原職。永樂元年，坐事謫，督天津衛城，以勤敏稱旨」〔註3〕。根據上述記載，永樂元年工部左侍郎張思恭被貶謫，之後督修天津衛城。由於史書在敘事中往往具有時間跳躍性，所以張思恭被貶謫的時間為永樂元年，而其督修天津衛城的時間則未必是永樂元年。根據筆者所見史料，天津衛城開始修築於永樂元年的說法，僅見於這一條史料，由於這條史料記載不甚明確，且為孤證，所以目前我們不能因此認為天津衛城

〔註1〕　吳翀、曹涵：(乾隆)《武清縣志》卷一一《藝文二‧修武清縣磚城記》，第128頁。
〔註2〕　李邦華：《文水李忠肅先生集》卷三《撫津茶言‧修造城垣疏》，第147頁。
〔註3〕　雷禮：《國朝列卿紀》卷六四《國初工部左右侍郎年表》，第738頁。

始築於永樂元年。

　　與上述史料形成對比的是，眾多史料均記載天津衛城始築於永樂二年。《大明一統志》記載，天津三衛「俱在靜海縣小直沽，永樂二年築城」〔註4〕。萬曆《河間府志》記載，「天津衛城池，永樂二年工部尚書黃福、平江伯陳瑄築城濬池，城垣九里，高三丈五尺」〔註5〕。《新校天津衛志》記載，「永樂二年築城，三年調官軍守之。文皇渡此，賜名曰天津。」〔註6〕「明永樂二年，文皇命工部尚書黃福、平江伯陳瑄、都指揮僉事凌雲、指揮同知黃綱築城濬池」〔註7〕。康熙《畿輔通志》中關於天津衛城的記載爲，「永樂二年，工部尚書黃福、平江伯陳瑄築，都指揮陳逵、弘治間副使劉福甃以磚石」〔註8〕。雍正《畿輔通志》記載，天津府城，「明永樂二年，工部尚書黃福、平江伯陳瑄、都指揮陳達築」〔註9〕。乾隆《大清一統志》也記載，「天津府城，周九里十三步，門四，外有濠，明永樂二年築」〔註10〕光緒《重修天津府志》中的記載爲，天津城垣，「明永樂二年，工部尚書黃福、平江伯陳瑄、都指揮陳逵築」〔註11〕。《天津政俗沿革記》記載，「天津城係明永樂二年工部尚書黃福、平江伯陳瑄、都指揮陳達築」〔註12〕。上述史書均記載天津衛城開始修築於永樂二年，所以這一說法應爲可信。

　　宣德八年十月，平江伯陳瑄去世，楊榮在陳瑄的墓誌中寫到，陳瑄「（永樂）三年以舟師建百萬倉於直沽，遂築天津衛城」〔註13〕。對於這條史料，

〔註4〕 李賢：《大明一統志》卷二《河間府・公署》，第60頁。
〔註5〕 杜應芳、陳士彥：（萬曆）《河間府志》卷二《建置志・城池・天津衛城池》，第16頁。
〔註6〕 薛柱斗、高必大：《新校天津衛志》卷一《建置・城池》，第53頁。
〔註7〕 薛柱斗、高必大：《新校天津衛志》卷一《建置・城池》，第54頁。
〔註8〕 于成龍、郭棻：（康熙）《畿輔通志》卷五《城池・河間府》，清康熙二十二年刻本，第11頁。
〔註9〕 唐執玉、陳儀：（雍正）《畿輔通志》卷二五《城池・天津府》，《景印文淵閣四庫全書》史部第504冊，臺北：商務印書館，1983年，第564頁。
〔註10〕 和珅：（乾隆）《大清一統志》卷一七《天津府・城池》，《景印文淵閣四庫全書》史部第232冊，臺北：商務印書館，1983年，第322頁。
〔註11〕 沈家本、徐宗亮：（光緒）《重修天津府志》卷二三《輿地五・城鄉・府城圖說》，第463頁。
〔註12〕 王守恂：《天津政俗沿革記》卷一《輿地・城垣一・縣城》，《天津通志》（舊制點校卷下），天津：南開大學出版社，1999年，第8頁。
〔註13〕 楊榮：《文敏集》卷二五《平江侯壙誌》，《景印文淵閣四庫全書》集部第179冊，臺北：商務印書館，1983年，第397頁。

我們或許會認爲天津衛城始築於永樂三年，眞實情況究竟如何，我們結合相關史料進行分析。根據《明太宗實錄》記載，從永樂元年至永樂二十二年，陳瑄長期負責海運、漕運事務，所以對於天津衛城的修築，陳瑄並非自始至終均參與其中，如永樂三年二月，朱棣命平江伯陳瑄充總兵官，前軍都督僉事宣信充副總兵，率舟師從海道運糧至北京〔註14〕，這時天津衛城正處於修築之中，而陳瑄仍負責海運事務，所以在組織海運期間，陳瑄必然不能親身參與天津衛城的修築。一方面前述諸多志書均記載天津衛城始築於永樂二年，另一方面陳瑄並非時時參與其中，所以上述楊榮的記述只能說明永樂三年陳瑄參與了天津衛城的修築，而並非天津衛城始築於永樂三年。由於陳瑄斷續地參與天津衛城的修築，所以楊榮所記永樂二年這次陳瑄修築天津衛城，是否爲陳瑄首次參與，限於史料不足，我們尙難以確定。

以上我們探尋了天津衛城開始修築的時間，接下來我們再繼續對天津衛城的竣工時間進行探討。《明太宗實錄》記載，永樂三年七月十七日，朱棣「命平江伯陳（瑄）於天津衛城北造露囤千四百所」〔註15〕，這條史料明確提及「天津衛城」，說明這時天津衛城至少已經大體成形。同書還記載，永樂三年七月二十七日，朱棣命張思恭繼續修築天津衛城，「初思恭坐事，命督修天津衛城，至是還奏稱旨，遂改官刑部，仍令督修天津衛城」〔註16〕，這個記載說明永樂三年七月天津衛城仍未竣工。萬曆《河間府志》記載，天津衛、天津左衛公署均修建於永樂三年，天津右衛公署則修建於永樂四年〔註17〕，三衛公署這時次第修建，如果推測不繆，天津三衛公署修建之時天津衛城的修築應該基本完工。

關於天津衛城修築的組織者、主持者，通過以上分析，我們知道黃福、張思恭、陳瑄均曾參與天津衛城的修築。存在疑問的是陳達、陳達，萬曆《河間府志》記載，「天津衛城池，永樂二年工部尙書黃福、平江伯陳瑄築城濬池，城垣九里，高三丈五尺，都指揮陳達用磚包砌」〔註18〕。《新校天津衛志》記載，「明永樂二年，文皇命工部尙書黃福、平江伯陳瑄、都指揮僉事凌雲、指揮同知黃綱築城濬池，民有『賽淮安城』之說。都指揮陳達在鎮用磚包砌，

〔註14〕《明太宗實錄》卷三九，永樂三年二月甲申，第657頁。
〔註15〕《明太宗實錄》卷四四，永樂三年七月庚戌，第697頁。
〔註16〕《明太宗實錄》卷四四，永樂三年七月庚申，第701頁。
〔註17〕杜應芳、陳士彥：（萬曆）《河間府志》卷三《宮室志·公署》，第20～21頁。
〔註18〕杜應芳、陳士彥：（萬曆）《河間府志》卷二《建置志·城池·天津衛城池》，第16頁。

遞年始完」〔註19〕。康熙《畿輔通志》對天津衛城的修築有如下記載，「明永
樂二年，工部尚書黃福、平江伯陳瑄築，都指揮陳達、弘治間副使劉福甃以
磚石」〔註20〕。雍正《畿輔通志》記載，天津府城，「明永樂二年，工部尚書
黃福、平江伯陳瑄、都指揮陳達築」〔註21〕。乾隆《天津府志》記載，「明永
樂中，工部尚書黃福、平江伯陳瑄、都指揮僉事凌雲、指揮同知黃綱，築城濬
池，民有『賽淮安城』之說。都指揮陳達，在鎮用磚包砌，遞年始完」〔註22〕。
光緒《重修天津府志》中的記載爲，天津城垣，「明永樂二年，工部尚書黃福、
平江伯陳瑄、都指揮陳達築」〔註23〕。《天津政俗沿革記》記載，「天津城係
明永樂二年工部尚書黃福、平江伯陳瑄、都指揮陳達築」〔註24〕。對比以上
記述，我們可以發現以下差異：（一）萬曆《河間府志》、《新校天津衛志》、
康熙《畿輔通志》、乾隆《天津府志》均記載陳達曾對天津衛城進行甃以磚石，
而並未參加永樂初年衛城的修築；（二）雍正《畿輔通志》、《天津政俗沿革記》
的記載幾乎完全相同，陳達爲天津衛城的修築者之一，而光緒《重修天津府
志》則將雍正《畿輔通志》中所記的「陳達」改成「陳逵」，陳逵成爲天津衛
城的修築者。根據南炳文先生的研究，雍正《畿輔通志》、《天津政俗沿革記》
等書誤將「陳逵」記成「陳達」，爲文字傳抄之誤〔註25〕。陳逵於景泰二年五
月升任署都指揮僉事，之前爲忠義左衛指揮同知〔註26〕，根據李時勉《指揮
同知陳逵父墓誌銘》記載，「靖難」之時陳逵的兄長年僅六歲，陳逵的年齡更
小〔註27〕，所以永樂初年陳逵應該爲十歲左右的孩童，不可能成爲天津衛城
修築的組織者。前引《新校天津衛志》記載，「都指揮陳達在鎮用磚包砌，遞
年始完」，其中「在鎮」指鎮守通州，景泰二年五月陳逵受命鎮守通州〔註28〕，

〔註19〕 薛柱斗、高必大：《新校天津衛志》卷一《建置・城池》，第 54 頁。

〔註20〕 于成龍、郭棻：（康熙）《畿輔通志》卷五《城池・河間府》，第 11 頁。

〔註21〕 唐執玉、陳儀：（雍正）《畿輔通志》卷二五《城池・天津府》，第 564 頁。

〔註22〕 李梅賓、吳廷華：（乾隆）《天津府志》卷七《城池、公署志》，第 160 頁。

〔註23〕 沈家本、徐宗亮：（光緒）《重修天津府志》卷二三《輿地五・城鄉・府城圖
　　　　　說》，第 463 頁。

〔註24〕 王守恂：《天津政俗沿革記》卷一《輿地・城垣一・縣城》，第 8 頁。

〔註25〕 南炳文：《陳逵未參加永樂天津築城考》，《明史新探》，北京：中華書局，2007
　　　　　年，第 428 頁。

〔註26〕 《明英宗實錄》卷一九二，景泰元年五月庚戌，第 3992 頁。

〔註27〕 李時勉：《古廉文集》卷一〇《指揮同知陳逵父墓誌銘》，《景印文淵閣四庫全
　　　　　書》集部第 181 冊，臺北：商務印書館，1983 年，第 866 頁。

〔註28〕 《明英宗實錄》卷二〇四，景泰二年五月甲子，第 4379～4380 頁。

成化十五年二月陳逵被勒令閒住〔註29〕，在這段時間內陳逵鎮守通州，根據本文第二章第三節的研究，當時通州鎮守在軍事上管轄天津地方，所以陳逵對天津衛城的包砌當在景泰二年五月至成化十五年二月之間。

永樂初年，天津衛城修築之時為土城，如前文所述，景泰二年五月至成化十五年二月之間，通州鎮守陳逵曾主持用磚石對天津衛城進行包砌。弘治三年十一月，劉福被任命為首任整飭天津兵備副使，關於此時天津衛城的損毀情況，李東陽有如下記載，「予嘗以使命夜道天津，見土城頹圮，兵士傳遞者越堞而行，若履平地」。由於天津衛城損毀嚴重，而修理城池又是整飭天津兵備副使的職責所在，所以劉福「至則以為城池最重，宜亟為之處」。由於當時財力不足，劉福到任之時並未對天津衛城進行較大規模的修葺，而是「累歲而計，每事而處，徐而圖之」，經過長期準備，劉福開始對天津衛城進行大規模地加高、包砌，並對城門進行整修，於城門之上修築城樓，「城為高，甓而扃之，隅方而準平，又構樓於門」，四門分別命名為鎮東、定南、安西、拱北，皆逾尋累尺，迥出塵垢〔註30〕。由上述記載我們可以看出，除了對天津衛城進行包砌外，劉福還對衛城傾圮部分進行加高，對城門也進行了加固，還構築了城樓，可謂一次大規模的整修。乾隆《天津縣志》、乾隆《天津府志》、光緒《重修天津府志》均稱劉福「營造衛城，有能名」〔註31〕，民國《天津縣新志》也稱劉福「修葺衛城，卓有能名」〔註32〕，以上記載均未稱劉福僅對衛城進行包砌，其評價是符合史事的。

關於劉福這次大規模修葺天津衛城的時間，史書中無明確記載，我們可以根據相關記載進行大致推斷，弘治三年十一月，劉福被任命為首任整飭天津兵備副使，弘治四年劉福到任〔註33〕，弘治九年五月升任浙江按察使〔註34〕。如前所述，由於財力吃緊，劉福就任後，並未立即對天津衛城進行整修，而是「累歲而計，每事而處，徐而圖之」，所以劉福對天津衛城的整修，應在任職

〔註29〕 《明憲宗實錄》卷一八七，成化十五年二月戊戌，第3345頁。
〔註30〕 薛柱斗、高必大：《新校天津衛志》卷四《藝文‧修造衛城舊記》，第225頁。
〔註31〕 朱奎揚、吳廷華：（乾隆）《天津縣志》卷一六《名宦志》，第175頁；李梅賓、吳廷華：（乾隆）《天津府志》卷二〇《名宦志》，第301頁；沈家本、徐宗亮：（光緒）《重修天津府志》卷三九《宦績一‧歷朝》，第1247頁。
〔註32〕 高凌雯：《天津縣新志》卷一八《吏政（一）》，第598頁。
〔註33〕 薛柱斗、高必大：《新校天津衛志》卷二《官職》，第99頁；高凌雯：《天津縣新志》卷一八《吏政（一）》，第598頁。
〔註34〕 《明孝宗實錄》卷一一三，弘治九年五月庚戌，第2051頁。

之後的一、兩年後才開始大規模動工。程敏政在《天津重修湧泉寺舊記》中記述了劉福在任期間內進行各項工程的先後順序，「先事城櫓，次及閱武場，次及學宮，不三、四年皆告厥成」〔註35〕，由此可知從劉福就任到整修衛城，再到修葺閱武場、學宮，經過三、四年時間。根據《新校天津衛志》記載，弘治八年，劉福對學宮明倫堂進行修葺，展出前門二十餘步，並對兩廡、四齋和戟門進行修繕〔註36〕。修葺學宮在弘治八年，而整修衛城又在此之前，綜合以上分析，我們可以推斷劉福整修天津衛城約在弘治五年至七年之間。

康熙《靜海縣志》記載，天津衛城位於小直沽，距靜海縣90里〔註37〕。《新校天津衛志》記載，「城垣九里十三步，高三丈五尺，開設四門，門上建樓，東去潞河二百二十步，北抵衛河二百步」〔註38〕。根據以上記載，我們知道天津衛城位於距靜海縣90里的小直沽，東距潞河220步，北距衛河200步。根據前文的研究，我們知道永樂初年天津衛城開始修築，至弘治時期劉福主持對衛城進行了大規模的整修，天津衛城的規模基本確定，特別是經過弘治時期的整修、包砌，衛城的高度、厚度均有增加，並且構築了城樓。各種史書在記述天津衛城的規模時，往往僅記載衛城尺寸、城門、城樓的情況，而忽略了天津衛城的歷時演變過程，使得讀者很容易誤以為天津衛城自永樂初年建城後其規模即固定不變，這是需要我們仔細分辨的。《新校天津衛志》、乾隆《天津府志》均記載，天津「城垣九里十三步，高三丈五尺，開設四門，門上建樓」〔註39〕。光緒《重修天津府志》的記載為，天津「城垣九里十三步，高三丈五尺，開設四門，門上建樓。明永樂二年，工部尚書黃福、平江伯陳瑄、都指揮陳逵築。宏治間，副使劉福甃以磚石，廣二丈五尺」〔註40〕。將光緒《重修天津府志》中的記載與《新校天津衛志》、乾隆《天津府志》進行對比，我們可以看出三者具有承襲關係，「城垣九里十三步，高三丈五尺，開設四門，門上建樓」，這一記述在三書中完全相同，不同的是《新校天津衛志》、乾隆《天津府志》均未提及天津衛城的廣度，而光緒《重修天津府志》則將天津衛城的高度、廣度分開敘述，並且將「廣二丈五尺」置於「副使劉

〔註35〕薛柱斗、高必大：《新校天津衛志》卷四《藝文》，第226～227頁。

〔註36〕薛柱斗、高必大：《新校天津衛志》卷三《崇祀》，第149頁。

〔註37〕葉劍英、馬方伸：(康熙)《靜海縣志》卷一《山川》，第14頁。

〔註38〕薛柱斗、高必大：《新校天津衛志》卷一《建置·城池》，第54頁。

〔註39〕薛柱斗、高必大：《新校天津衛志》卷一《建置·城池》，第54頁；李梅賓、吳廷華：(乾隆)《天津府志》卷七《城池、公署志》，第160頁。

〔註40〕沈家本、徐宗亮：(光緒)《重修天津府志》卷二三《輿地五·城鄉》，第963頁。

福甃以磚石」之後，仔細分析這一敘述方式，我們可以看出經過劉福整修後，天津衛城始爲廣二丈五尺。與此相似，康熙《畿輔通志》中的相關記載爲，天津衛城「明永樂二年，工部尙書黃福、平江伯陳瑄築，都指揮陳逵、弘治間副使劉福甃以磚石，周圍九里，高三丈五尺，廣二丈五尺」〔註41〕。除衛城長度略有差異外，康熙《畿輔通志》將天津衛城的所有尺寸均置於「副使劉福甃以磚石」之後，說明經過劉福的整修後，天津衛城始爲高三丈五尺、廣二丈五尺。就這點而言，康熙《畿輔通志》比光緒《重修天津府志》的記述更爲準確，雍正《畿輔通志》、乾隆《天津縣志》、《天津政俗沿革記》均沿用了康熙《畿輔通志》這種記述方式〔註42〕。

　　除永樂初年修築、弘治時期整修外，由於各種原因，整個明代天津衛城曾受到程度不同的損毀，也曾多次進行過多次修葺。爲節約篇幅，現大津衛城在明代的修築情況製成下表，而不再一一敘述。

表5-1　明代天津衛城修築概況

時間	修築情況	組織者	資料來源	備註
永樂初年	修築衛城	黃福 張思恭 陳瑄	萬曆《河間府志》卷二《建置志‧天津衛城池》，《國朝列卿紀》卷六四《國初工部左右侍郎年表》。	
正統四年	修天津左衛城	不詳	《明英宗實錄》卷五七，正統四年七月辛酉。	原文作「修天津左衛城」，「左」或爲衍字，待考。
景泰二年至成化十五年	用磚包砌	陳逵	《新校天津衛志》卷一《建置‧城池》	具體時間待考
弘治時期	城爲高，甓而局之，隅方而準平，又構樓於門，曰鎭東、定南、安西、拱北，皆逾尋尺。	劉福	萬曆《河間府志》卷二《建置志‧天津衛城池》	

〔註41〕于成龍、郭棻：（康熙）《畿輔通志》卷五《城池‧河間府》，第11頁。
〔註42〕唐執玉、陳儀：（雍正）《畿輔通志》卷二五《城池‧天津府》，第564頁；張志奇、朱奎揚：（乾隆）《天津縣志》卷七《城池、公署志》，第70頁；王守恂：《天津政俗沿革記》卷一《輿地》，第7頁。

萬曆十四年	因浸壞而重修。	王來賢	萬曆《河間府志》卷二《建置志・天津衛城池》，《明神宗實錄》卷一七五，萬曆十四年六月辛卯。	
萬曆三十二年	教場口岸沖決，浸及城磚二十四層，修護城堤一道，繞衛城西、南二面。	陸敏捷	《新校天津衛志》卷一《建置・堤岸》	
萬曆三十三年至萬曆三十七年	具體工程情況不詳	孫瑋等	《明神宗實錄》卷四一〇，萬曆三十三年六月甲辰朔；《明神宗實錄》卷四六一，萬曆三十七年八月庚戌；《吳文恪公文集》卷一五《少司馬藍石孫公晉司徒序》。	
天津時期	具體工程情況不詳	來斯行	《文水李忠肅先生集》卷三《撫津茶言・修造城垣疏》。	
崇禎十年	修天津城	不詳	《崇禎實錄》卷一〇，崇禎十年八月甲子	
崇禎十三年之後	修衛城女牆，建水閘於城東南。	武中嶽	光緒《重修天津府志》卷四三《人物三・國朝》	光緒《重修天津府志》卷四三中無武中嶽修葺衛城的時間，由於武中嶽為天津城守營指揮僉書，而天津城守營設立於崇禎十三年，所以武中嶽修葺衛城應在城守營設立之後。由於史料缺乏，武中嶽、李化熙修葺衛城是否為同一次，有待考證。
崇禎十五年	繕城堞	李化熙	康熙《河間府志》卷一二《仕籍志・宦績・推官》	

上表中所列為史書中所見的明代天津衛城修築工程，除此之外，較小規模、沒有記載的修葺工程應當更多。

第二節　天津海防工事

援朝禦倭戰爭期間，天津地方的海防工事得到重視、整頓，寶坻靠近天津，濱臨渤海，是北京的門戶，知縣袁黃在《倭防初議》《防倭二議》中，對寶坻縣的海防做出了周密、完備的防禦計劃，包括沿海地域構築墩臺，以加強軍事防禦力量。根據《倭防初議》的記述，明朝初年寶坻縣「沿海設立墩臺，置軍器，守水道沽開墩臺一座，自關迤東至黑崕子八十里立墩臺一座，自關迤南草頭沽三十里立墩臺一座，四十里至流渠河立墩臺一座，八十里至圮口立墩臺一座，至關家鋪八十里又立墩臺一座，共六座，有軍官九十二員名分布防範」〔註43〕。在《防倭二議》中，袁黃認爲倭寇「今若從水而犯，則必從草頭沽，歷丁字沽過天津‧從陸而犯，則必從水道沽登岸，由梁城所至通州」，因此草頭沽的防禦極端重要，袁黃主張在草頭沽設立敵臺，安置人炮，設置水中障礙，「宜將大直沽即草頭沽，兩岸各築敵臺一座，其高下悉仿江南禦倭之式，夾河對陣，開窩放炮，賊必不敢輕入。其水道沽海口闊里許，宜遍釘木樁，取沿河楊木爲之，而橫編葦條於上，不過三、四潮，泥積成灘，賊舟不能泊矣，此勝雄兵數萬也。」〔註44〕

寶坻縣自黑崕子至關家鋪 220 里，舊設墩臺 10 座，其中黑崕子至草根子 40 里屬豐潤縣境，蔡家鋪至流渠河 100 里爲寶坻縣境，圮口至劉家鋪（按，根據前文似應爲「關家鋪」）80 里爲滄州境，這 220 里內共設墩臺 10 座，均由梁城所軍士守望。關於墩臺之間的距離，袁黃認爲「墩臺主於遼遠，如黑捱子至蔡家鋪，道里平直，一望無遺，即十里一燉不爲少，如避風嘴至大直沽，迂迴轉換，瞭望難周，即二、三里一燉不爲多」。除沿海墩臺之外，寶坻境內還修築有煙墩，東路自河北崔成等處以達薊州，西路自東嶽、南店等處以達密雲，西路之墩至三河又分爲二，一達密雲，一達京師〔註45〕。

萬曆二十年八月，宋應昌受命往保、薊、遼東等處經略備倭事宜〔註46〕。入朝之前，宋應昌對海防的規劃非常周到、全面，爲防止日軍登陸進入內地，經略宋應昌預定了各項防禦措施，根據宋應昌的判斷，雖然沿海之岸處處臨海，而天津大沽海口最爲要衝〔註47〕。因此，明軍於天津港口橫鐵鎖，水底

〔註43〕劉邦謨、王好善：《寶坻政書》卷一○《倭防初議》，第 399 頁。
〔註44〕劉邦謨、王好善：《寶坻政書》卷一○《防倭二議》，第 401 頁。
〔註45〕劉邦謨、王好善：《寶坻政書》卷一○《防倭二議》，第 401 頁。
〔註46〕《明神宗實錄》卷二五一，萬曆二十年八月乙巳，第 4681 頁。
〔註47〕宋應昌：《經略復國要編》卷三《議題水戰陸戰疏》，第 55 頁。

置木椿，彼方鼓枻而來，我則扼險以待〔註 48〕。陸上則修築敵臺，經略宋應昌還建議於天津濱海地方挑濬溝塹，「自大沽口至鄭家溝止一百八十里，而防海軍士不下三萬餘人，若當春汛之時兵士齊到，稍加鹽萊，量起工築，每兵一名佔地二步，橫挑溝塹，即以塹土築爲牆垣，塹闊四丈，牆闊二丈，塹深一丈，則牆高二丈，三萬軍士一月可完，塹之險深與湯池無異，牆之岩峻與長城不殊，漸起墩臺，漸增垛口，可以哨望，可以備禦」。由於沙土難築，潮水易侵，經略宋應昌奏請於萬曆二十一年春試行挑濬，如其可行，則次第進行〔註49〕。

按照以上軍事佈防，「彼方鼓枻而來，我則扼險以待；彼方逆浪而來，我則靜餇以待，彼方驀地而來，我則相機以待，彼方跳躍而來，我則坑陷以待，自可潰其眾，覆其舟，殲其渠魁」。如果日軍登岸後進入內地，我方則「堅壁清野以困之，嚴陣整旅以遏之，勇往直前以挫之，飛騎勁弩以躪之。地勢險隘，可以藏兵、屯聚之地，則多集丁壯，多置木柵，多備炮石，多桃壕塹。其附近城郭者悉令居民委積於城，臨急移入城中，倭即善攻，然城郭完固，效死以守，而以大兵潰其圍，亦不得逞，既不得城而據，則必擇村而居，然倭性貪，必散出劫掠，吾則可以零剿，彼掠得衣物，負重而行，吾則可以截殺，夜喜滔飲，多醉臥，吾則可以夜擊，所謂陸戰當如是矣」〔註50〕。

援朝禦倭戰爭結束後，明朝開始裁撤北部沿海兵力，天津地方的海防設施逐漸廢棄，「昔年備倭所設傳烽之具，而今且漸爲平陸矣」〔註51〕。後來畢自嚴、李邦華任職天津時，曾對海防工事遺跡進行了考察，建議加以修整，然而由於明朝此時的主要精力在於應對滿族軍事力量的興起，天津的海防工事未得到應有的重視、加強。

第三節　薊州邊牆

薊鎮長城，東起山海關，西至居庸關，拱衛京師，是明代萬里長城九鎮中最重要的一鎮，也是建築最堅固、最雄偉的一鎮。薊鎮長城軍事防禦體系的形成，經歷了由簡到繁，從局部到體系的發展過程，大體可概括爲三個階段：

〔註48〕　宋應昌：《經略復國要編》卷三《議題水戰陸戰疏》，第 56 頁。
〔註49〕　宋應昌：《經略復國要編》卷三《議題水戰陸戰疏》，第 57 頁。
〔註50〕　宋應昌：《經略復國要編》卷三《議題水戰陸戰疏》，第 56～57 頁。
〔註51〕　李邦華：《文水李忠肅先生集》卷三《踏勘海防乞救修明事宜疏》，第 107 頁。

　　第一階段，重點在建置關隘，建築烽墩，設兵屯墾戌邊。洪武二年築居庸關城，洪武三年從山海關至灰嶺口在千里燕山 121 個谷口駐兵設防。洪武十四年築山海關城、古北口等關口，洪武年間先後共築 66 座關城。明初徐達築邊牆，自山海關西抵慕田峪 1700 餘里，永樂二十一年，陳景先添設墩臺以戒不虞。

　　第二階段，宣德至嘉靖年間，為大興長城工程時期，將各關隘間聯以邊牆，並將近邊諸縣的城池和邊塞城堡更行加固。宣德元年，從山海關至居庸關大修長城。成化三年，自山海關，經喜峰口、古北口、居庸關、紫荊關、倒馬關至雁門關等地山坡小徑營築城牆，使關口嚴緊。弘治八年響水谷以東至古北口關添修大墩，上置草屋，下排壕塹。弘治十一年，增築塞垣，自山海關西北至古北口、黃花鎮直抵居庸關，延亙千餘里，繕修城堡 270 所，悉城緣邊諸縣。弘治十四年，都御史洪鐘在潮河上築大、小石城、墩堡。正德三年建廖家谷關，正德八年，建石湖峪關口。嘉靖十五年至四十一年的 26 年間，新建了 35 個關口城堡，明朝薊鎮長城體系基本形成。

　　第三階段，隆慶至崇禎時期，創建空心地臺並將邊牆進行完善，特別是隆慶至萬曆初期是薊鎮長城建築高峰時期。嘉靖後期，明朝平定了東南沿海的倭寇，江南半壁安定。隆慶初年，調抗倭名將譚綸、戚繼光戌守薊鎮，戚繼光在薊鎮訓練新的軍隊的同時，加強了長城軍事防禦工程體系的建設，加高、加寬長城建築，在長城上創建敵樓、鋪房、障牆，把我國長城建築藝術推進到最高峰。

　　以上是明代薊鎮長城的修築情況，就今天津薊縣境內明代長城而言，它位於薊縣北部山區，東起赤霞峪，與今河北省遵化市鑽天峰相連；西迄黃土梁，與今北京市平谷區將軍關長城相連，全長 40 餘公里。洪武時期，薊州長城即開始修築，洪武六年四月，鎮守北平的淮安侯華雲龍奏言，「塞上諸關東自永平、薊州、密雲，西至五灰嶺外，隘口通一百二十一處，相去約二千二百里；其王平口至官坐嶺口，關隘有九，約去五百餘里，俱係衝要之地，並宜設兵守之」〔註 52〕。宣德四年六月，薊州一帶遭遇大雨，山水泛漲，薊州口外長城攔馬石牆坍塌。由於邊牆為邊防重要工事，明宣宗命陳景先督率官軍進行修葺〔註 53〕。成化八年二月，明憲宗命大同、宣府、薊州、密雲、遼

〔註 52〕《明太祖實錄》卷八一，洪武六年四月辛丑，第 1465～1466 頁。
〔註 53〕《明宣宗實錄》卷五七，宣德四年八月癸未，第 1358 頁。

－163－

東、甘肅等處及偏頭、雁門、紫荊、倒馬、居庸等關鎮守、總兵等官修補墩臺、城堡、邊牆、壕塹〔註54〕。弘治十一年，洪鐘整飭薊州邊備，自山海關至古北口、黃花鎮，直抵居庸關，增築塞垣，綿延千餘里。嘉靖時期，爲加強軍事防禦，曾多次較大規模修築長城。隆慶二年五月，戚繼光受命以署都督同知總理薊鎮、昌平、保定練兵事務，鎮守薊州、永平、山海關等處〔註55〕。自隆慶三年春起，戚繼光率領士卒，開始加固城牆，修建空心敵臺。空心敵臺是戚繼光完善長城防禦的重要內容，它的建成極大地加強了長城防禦體系。現在天津薊縣黃崖關長城博物館藏有兩通萬曆時期修築薊州邊牆的石刻，兩通石刻的內容分別爲，「河南營都司徐時雍，萬曆十九年春防分建自馬黃□□百四十七號臺，東空接十□□河南營新修城頭起，中部□工計修二等邊城二十二□□尺，四月二十二日修完」，「河南營都司徐時雍，萬曆十九年春防分建自馬黃安口一百四十四號西空起，中部二工計修二等邊城一十四丈九尺七寸，閏三月二十五日修完」。這兩通石刻記錄了萬曆十九年修築邊牆的詳細情況，史料價值很高。經過明代各個時期的修築，至萬曆時期今天津薊縣境內的長城已基本建成，它於蜿蜒盤旋於崇山峻嶺之間，巧妙地將自然地形與人工工程相結合，充分利用地勢、地利，既節省人力、物力，又具有威武氣勢。

長城一線地勢衝要之處，均設置關寨、城堡，以加強守禦。洪武十五年九月，北平都指揮使司開報其所轄關隘，其中位於今天津薊縣境內的有古強峪、恥瞎峪、鑽天峪、黃崖口、小平安嶺、大平安嶺、鼉橡峪、青山嶺等八處隘口，北平都指揮使司建議對這些關隘均設兵戌守，建議得到明太祖的採納〔註56〕。永樂二十一年七月，鎮守薊州、山海等處都指揮僉事陳景先奏言，「薊州、馬蘭等關口三百八十餘丈俱係邊境要衝，宜令附近官軍並力修築」，於是皇太子令隆平侯張信等進行督修〔註57〕。宣德元年七月，明宣宗命都督山雲、都御史王彰、遂安伯陳英、都督陳景先及各鎮守官，率領附近軍衛對山海、永平、薊州至居庸關一帶關隘進行修理，務必堅完〔註58〕。之後隨著軍事形勢的變化，今天津薊縣境內的隘口也隨之調整。根據《四鎮三關志》

〔註54〕《明憲宗實錄》卷一〇一，成化八年二月丁亥，第1970頁。
〔註55〕《明穆宗實錄》卷二〇，隆慶二年五月辛亥，第547頁。
〔註56〕《明太祖實錄》卷一四八，洪武十五年九月丁卯，第2338～2342頁。
〔註57〕《明太宗實錄》卷二六一，永樂二十一年七月壬寅，第2389頁。
〔註58〕《明宣宗實錄》卷一九，宣德元年七月癸丑，第510頁。

記載，至萬曆時期今薊縣境內的軍事寨堡有黃崖關、太平安寨、車道峪寨、青山嶺寨、蠶椽嶺寨、古強峪寨、恥瞎峪寨。與洪武時期相比，鑽天峪、小平安嶺、大平安嶺不再是寨堡，而多了太平安寨、車道峪寨。《四鎮三關志》中記載有上述一關、六寨的詳細情況，茲摘抄如下：

　　黃崖口關，永樂年建，通大川，正關、水口、東西稍城、斷頭崖、安口墩、中山兒、龍扒谷磚墩，東、西二空俱通騎，衝，餘緩。

　　太平安寨，成化二年建，通大川正口，衝。西山頂東稍墩通單騎，衝，餘緩。

　　車道谷寨，嘉靖十六年建，通步，緩。

　　青山嶺寨，成化二年建，正關通單騎，衝。

　　蠶椽谷寨，成化二年建，通步，緩。

　　古強谷關，永樂年建，通步，緩。

　　恥瞎谷寨，成化二年建，通步，緩〔註59〕。

　　現在天津薊縣長城依然保存有以上一關六寨，另存有烽燧火池 7 組和墩臺 81 座，其中空心敵臺 44 座，普通墩臺 37 座，這些軍事要塞構成了一道完備的防禦體系，對鞏固明代北部邊防發揮了重要作用。

　　黃崖關是薊北雄關，位於薊縣北邊泃河谷地，依山勢而建，泃河在此橫切燕山，奪道南流，黃崖關就修築於泃河谷地，是重要的防禦工事。根據上述《四鎮三關志》的記載，黃崖關修築於永樂時期，事實上永樂之後黃崖關城多次進行過增復，現存於天津薊縣黃崖關長城博物館的康熙《重修大堂碑序》記載，「黃崖素稱要塞，屏翰薊門，修於明季天順，署制甚嚴」。另外，現存於天津薊縣黃崖關長城博物館的「黃崖正關」匾額上有「萬曆十五年六月吉日建」字樣，由此可知天順、萬曆時期黃崖關曾進行過修葺。黃崖關關城由甕城、外城和內城三部分組成，呈不規則的刀把形，南北最長處 270 米，東西最寬處 200 米，城牆周長 890 米，面積約 38000 平方米。方放主編的《天津黃崖關長城志》一書結合考古、文獻兩方面的材料，對現存黃崖關、太平安寨、車道峪寨、青山嶺寨、蠶椽嶺寨、古強峪寨、恥瞎峪寨，有詳細介紹，茲不贅述〔註60〕。

〔註59〕劉效祖：《四鎮三關志》卷二《形勝考·乘障·黃崖口下》，第68頁。
〔註60〕方放：《天津黃崖關長城志》，第35～55頁。

　　墩臺是長城防禦的重要據點，包括普通墩臺、空心敵臺兩種。現在天津薊縣內共有墩臺 81 座，包括普通墩臺 37 座，空心敵臺 44 座，其中 44 座空心敵臺的分布情況爲：黃崖關 8 座，太平寨 10 座，車道峪 5 座，青山嶺 4 座，船倉峪 4 座，古強峪 2 座，赤霞峪 5 座，前乾澗 6 座。這些空心敵臺中最雄偉的爲鳳凰樓，它是一座圓形的空心敵臺，位於泃河中一座拔地而起的孤峰上，臨河的西、北兩面皆爲絕壁。鳳凰樓是控扼河谷，居高臨下，南連雄關，北控塞外，是薊縣長城中重要的軍事要塞。關於天津薊縣現存 81 座墩臺的詳細情況，可參閱方放主編的《天津黃崖關長城志》中「薊縣長城墩臺一覽表」〔註61〕。

　　空心敵臺並非由戚繼光創始於薊鎮，嘉靖時期宣府紅門、柳溝等處已修築有空心敵臺〔註62〕，空心敵臺的修築是長城墩臺建築的一次飛躍，它與普通墩臺的區別在於，空心敵臺內部中空，可以貯存糧食、軍器，臺上建有鋪房，以供戍卒居住。薊鎮空心敵臺的修築始於戚繼光，關於戚繼光對薊鎮空心敵臺的最初設想，《明史・戚繼光傳》記載，「自嘉靖以來，邊牆雖修，墩臺未建。繼光巡行塞上，議建敵臺，略言：『薊鎮邊垣延袤二千里，一瑕則百堅皆瑕，比來歲修歲圮，徒費無益。請跨牆爲臺，睥睨四達，臺高五丈，虛中爲三層，臺宿百人，鎧仗、糗糧具備，令戍卒畫地受工，先建千二百座」〔註63〕。隆慶二年，戚繼光調任薊鎮後不久，即上疏奏請修建空心敵臺，次年薊鎮開始大規模修築空心敵臺，至萬曆九年薊鎮共修建空心敵臺 1194 座〔註64〕，基本達到戚繼光當初設想的 1200 座。《四鎮三關志》記載，黃崖口下有空心敵臺 12 座，修建於隆慶三年至萬曆元年之間〔註65〕。根據現存碑刻材料，天津薊縣空心敵臺在隆慶二年已有修建，現存於天津薊縣小平安村一通修建空心敵臺殘碑刻有「二年孟夏」字樣及順天巡撫劉應節、總理薊州練兵戚繼光等名字，劉應節任順天巡撫的時間爲隆慶元年十月至隆慶四年十月，所以上述所記時間當爲隆慶二年，由此可見薊州空心敵臺的修建時間早於《四鎮三關志》所記載的隆慶三年。

〔註61〕 方放：《天津黃崖關長城志》，第 46～48 頁。
〔註62〕 《明世宗實錄》卷三九七，嘉靖三十二年四月戊戌，第 6984～6985 頁。
〔註63〕 張廷玉：《明史》卷二一二《戚繼光傳》，第 5614～5615 頁。
〔註64〕 范中義：《戚繼光傳》，北京：中華書局，2001 年，第 275 頁。
〔註65〕 劉效祖：《四鎮三關志》卷二《形勝考・乘障・黃崖口下》，第 68 頁。

　　空心敵臺建成後，會刻石記錄修築人員、修築時間等情況，天津薊縣境內現在共發現這類石碑五通，其中一通保存較爲完好，現存於黃崖關長城博物館，現將該碑碑文抄錄如下：

> 隆慶四年春季之吉，總督薊、遼、保定等處軍務兼理糧餉兵部左侍郎兼都察院右僉都御史宜黃譚綸，整飭薊州等處邊備兼巡撫順天等府地方都察院右僉都御史濰縣劉應節，巡按直隸監察御史高安傅孟春，整飭薊州等處兵備、山西布政使司右參政兼按察司僉事益都楊瑾，總理練兵兼鎮守薊州等處地方總兵官中軍都督府都督鳳陽戚繼光，協守西路副總兵官鄱陽李超，軍門中軍官大寧都司潞州暴以平，撫院中軍原任參將沐陽張功，總理中軍大寧都司臨淮謝維能，督工、原任參將楊林、李信，分守薊州馬蘭谷等處地方參將署都指揮僉事翼城楊鯉，委官薊州衛經歷章丘柴藻，黃崖口提調指揮僉事滁州陳世爵，委官易州於光祚、鳳陽岳世忠、泰州陳恩琪，旗牌朱環。

　　根據碑文記載，這一石碑刻於隆慶四年春，記錄了上至薊遼總督、順天巡撫、薊鎮總兵，下至旗牌等所有負責修築空心敵臺的人員，其中實際對工事負責的當爲于光祚、岳世忠、陳恩琪、朱環等人。除此碑外，還有四通殘碑記錄了明代薊州修建空心敵臺的情況，其中有一通爲前文所述刻有「二年孟夏」字樣的殘碑，根據碑文當爲隆慶二年，還有兩通石碑有薊遼總督譚綸的名字，譚綸任薊遼總督的時間爲隆慶二年三月至隆慶四年十月，這兩通殘碑所記空心敵臺即修築於隆慶二年三月至隆慶四年十月期間。

　　關於空心敵臺的規制，戚繼光《練兵實紀》記載，「今建空心敵臺，盡將通人馬衝處堵塞，其制高三、四丈不等，周圍闊十二丈，有十七八丈不等者，凡衝處數十步或一百步一臺，緩處或百四五十步或二百餘步不等者爲一臺，兩臺相應，左右相救，騎牆而立。造臺法，下築基，與邊牆平，外出一丈四五尺有餘，內出五尺有餘，中層空豁，四面箭窗，上層建樓櫓，環以垛口，內衛戰卒，下發火炮，外擊寇賊，賊矢不能及，敵騎不敢近」。除鳳凰樓爲圓形外，天津薊縣現存明代空心敵臺均爲方形，長、寬爲 10 米左右的占多數，這與《練兵實紀》中所言「周圍闊十二丈，有十七八丈不等者」大致相符。關於空心敵臺的防守，《練兵實紀》記載，「每臺百總一名，專管調度攻打；臺頭副二名，專管臺內軍器輜重……今將召到南兵一萬，分布各臺，五名、

十名不等，常川在臺，即以爲家，經年再不離臺、入宿人家，以此臺上時刻不致乏人，故此數年無虞，遇敵則擊斬全捷，五臺一把總，十臺一千總，節節而制之，官軍得以固守無恐，即大舉賊寇犯邊，攻必難入，亦難出，此修險隘之大收效最著者也」〔註66〕。

〔註66〕戚繼光：《練兵實紀》卷六《車步騎營陣解下》，第867～868頁。

第六章 明代天津地區軍餉供應

第一節 軍餉來源

一、屯糧

　　根據《明世宗實錄》的記載，大津三衛原有屯田 1000 餘頃〔註1〕。明代天津地區其他衛所的屯田數量在史書中也有記載，康熙《薊州志》中對薊州衛、鎮朔衛和營州右屯衛的屯田數量有如下記載:「三衛屯地原額共一千七百八十八頃一十二畝六釐二毫，額徵屯糧米、豆一萬一千三百九十一石五斗三合九抄四撮，其地圈盡無存。內薊州衛屯地三百八十四頃二畝二分八釐四毫，米、豆二千四百一十石八斗九升二抄四撮。鎮朔衛屯地一千二十四頃二畝五分，米、豆六千九百九十六石九斗六升八勺。營州右屯衛屯地三百八十頃七畝二分七釐八毫，米、豆一千九百八十三石六斗五升二合二勺八抄。」〔註2〕根據嘉靖《通州志略》的記載，武清衛原額屯糧 1905 石 5 斗 2 升 8 合 1 勺〔註3〕。查閱光緒《寧河縣志》，我們可以知道梁城守禦千戶所原額屯地、新增貼軍共地 123 頃 5 畝，每畝 0.15 兩起科，共徵銀 184.575 兩〔註4〕。

　　明代前期，國力強盛，軍政也基本能有效運轉，這一時期天津地區的屯

〔註1〕 《明世宗實錄》卷四三，嘉靖三年九月癸亥，第 1109 頁。
〔註2〕 張朝琮、鄔棠:(康熙)《薊州志》卷三《賦役志》，第 26 頁。
〔註3〕 汪有執、楊行中纂修，劉宗永校點:(嘉靖)《通州志略》卷四《貢賦志》，第88 頁。
〔註4〕 丁符九、談松林:(光緒)《寧河縣志》卷五《賦役志》，《中國地方志集成·天津府縣志輯》第 6 冊，上海:上海書店，2004 年，第 210 頁。

田獲得了較好發展。《明世宗實錄》的記載中，天津三衛原有屯田 1000 餘頃，至弘治時期增加五倍〔註5〕，這些都反映出天津地區的屯政在這一時期有了很大發展。屯田的增加、屯政的發展，對增加軍需供應具有重要的意義，除北部薊州爲九邊系統外，在援朝禦倭戰爭之前，天津軍隊的軍餉主要依靠屯田收入來供給。

援朝禦倭戰爭期間，袁黃建議將天津三衛和梁城所的軍士防守海上，不用增加糧餉。對於這些軍士的生計，袁黃計劃廣開地利，沿海寸草不生之地皆爲鹵地，可以曬鹽，百草生長之地則可以耕種。根據袁黃的規劃，軍士忙則耕耘，閒則煎曬，多開溝渠，廣植五穀，既養軍士，又省國帑，實爲天地自然無窮之利〔註6〕。萬曆二十三年八月，吏科給事中戴士衡以海防營附近地方泥膠水淡，可樹嘉禾，奏請量留天津新設水陸兵，令其開屯自食，每人約五十畝，一年而餉可住支，三年而田可盡闢〔註7〕。至萬曆二十五年，朝廷命天津巡撫、天津兵備道，將沿海荒地，南自靜海，北至直沽、永平等處，招徠軍、民人等各自備工本，盡力開種，官給印照，世爲己業。成熟三年之後方許收稅，酌量本地所獲花利，每畝上地納穀一斗，中地六升，下地三升，專備海防餉費〔註8〕。

萬曆時期，戶部尚書楊俊民在奏疏中說，天津三衛「本色屯糧料並漕糧八萬二千一百五石六斗六升二合八抄四撮一圭五粟，折色民運並屯糧等銀七千二百九十七兩九錢五分六釐三毫八絲四忽七微三沙三塵九埃」〔註9〕。根據楊俊民所言，「天津沿海一帶皆可耕之地，惟長蘆葦，一望無際，若能修舉屯政，實爲國家永利」，遂建議在天津大力修舉屯政，「天津沿海一帶及沿邊荒屯田地畝踏勘委有若干，無拘軍民，聽其開墾成熟，三年以後方與起科，每年終將墾過數目造冊報部，期臻實效」〔註10〕。《明神宗實錄》記載，天津海防軍士月餉六萬多兩全部由民間供給，汪應蛟擔任天津巡撫時，在葛沽、白塘等處用兵民相守之計，行閩、浙治地之法，撫臣孫瑋因而行之，開成熟地

〔註5〕《明世宗實錄》卷四三，嘉靖三年九月癸亥，第 1109 頁。
〔註6〕劉邦謨、王好善：《寶坻政書》卷一〇《防倭二議》，第 404～405 頁。
〔註7〕《明神宗實錄》卷二八八，萬曆二十三年八月癸亥，第 5340～5341 頁。
〔註8〕《明神宗實錄》卷三一七，萬曆二十五年十二月丁巳朔，第 5903 頁。
〔註9〕陳子龍：《明經世文編》卷三八九，楊俊民《邊餉漸增供億難繼酌長策以圖治安疏》，第 4215 頁。
〔註10〕陳子龍：《明經世文編》卷三八九，楊俊民《邊餉漸增供億難繼酌長策以圖治安疏》，第 4209 頁。

一百五頃二畝，加上之前開成田地，所獲稻穀、雜糧抵充津防額餉。戶部請優敘效勞文武官員，並漸次減徵原派民糧，且令再加開墾，得到明神宗的批准〔註11〕。

天津三衛屯田籽粒是明代天津軍餉的重要來源，萬曆時期汪應蛟在天津的屯田活動取得了較大成功，屯田收入對於供給軍需具有重要意義。天啟時期，天津巡撫李邦華稱頌汪應蛟當年屯田業績，「歲入積久，頗供修船、置械之用，臣衙門一切公費、廩糧絲毫不派民間，盡取此中，國家三空四盡之日，所省如許，臣深歎老成謀國之周而貯財之豫也」〔註12〕。崇禎時期，天津巡撫崔爾進也稱，「葛沽在天津下游，為水陸要衝，舊設營兵二千名，分駐海防以資捍衛，責綦重也。前撫臣汪應蛟議置屯田，每兵一名授田四畝，歲輸稻穀八石，積貯在營，以為行糧、船械等費，不過以操兼屯，寓兵於農，實為妥便」〔註13〕。關於天津軍費對於屯田依賴程度，天津巡撫李邦華曾說，「今天下所在養兵，所在急餉，然或有郡邑庫藏可暫移貸，或有事例馬價可少接濟，津門原係軍衛，非郡非邑，臣衙門廩費、人役工食不過取給於節年屯田籽粒之餘」〔註14〕。

《四鎮三關志》記載了梁城所、薊州衛、鎮朔衛、營州右屯衛的屯田狀況，見下表：

表6-1　明代梁城所、薊州衛、鎮朔衛、營州右屯衛屯田收入狀況表

衛所	屯田數量	屯糧	銀	草束	存貯地
梁城所	61頃89畝	無	290兩	無	密雲縣庫
薊州衛	25001頃10畝7分5釐	黑豆2892石	113兩	無	馬蘭峪倉
鎮朔衛	583頃55畝8分	豆8402石	98兩	4777束	馬蘭峪倉
營州右屯衛	221頃	豆2350石	88兩	2511束	馬蘭峪倉
黃崖口關	40頃20畝8分6釐	豆690石	無	無	黃崖營倉

注：上表根據《四鎮三關志》卷四《糧餉考·薊鎮糧餉》製成。

〔註11〕《明神宗實錄》卷三八六，萬曆三十一年七月戊午，第7253頁。
〔註12〕李邦華：《文水李忠肅先生集》卷三《撫津荼言·踏勘海防乞敕修明事宜疏》，第106～107頁。
〔註13〕畢自嚴：《度支奏議》新餉司卷八《更制天津葛沽兵馬疏》，第559頁。
〔註14〕李邦華：《文水李忠肅先生集》卷三《撫津荼言·催請兵餉疏》，第120頁。

　　以上是《四鎮三關志》所載梁城所、薊州衛、鎮朔衛、營州右屯衛的屯田狀況，《四鎮三關志》還記載梁城所撥於薊鎮屯田折色銀 290 兩 2 錢，武清衛撥於薊鎮屯田折色銀 460 兩 4 錢〔註15〕。

　　關於薊州屯田的廢弛，劉效祖在《四鎮三關志》中指出，「邊外雖有沃野，一事攪鋤，夷酋即興朵順之念，即穡人未告成功而狃者先遭撲脅矣。邊外既不可，則宜講內地，或又曰內地多山，磽确殊甚，主兵以荷戈為重，勢不得跋歷荷耒耜，乃客兵之信宿靡常者其又何及焉」〔註16〕。北虜侵擾、土地磽确、軍務繁重等，使得薊州屯田不能持續發展。崇禎元年戶部尚書畢自嚴曾指出，「祖制軍丁俱隸衛所，各有屯田，徵收本色入官，還充軍糧支放，是即唐朝府兵營田、寓兵於農之意。聖祖所謂養兵百萬，不費民間一粟者，此物此志也。迨後年禩寖深，□滄變□，有子孫□多□瓜分其田者，有貧寠□甚而轉鬻□□者，有丁倒戶絕而埋沒無存者，有田本磽确而荒蕪不治者，不才武弁既視為乾沒之資，姦猾軍旗又恣為延捱之計，又或無災而稱災，不邊納本色而□納折色，□經改□，每石多不過三錢，又且緩徵逋負，於是屯糧之設，什不得五，□不當出，而祖制盡湮沒矣，兼以兵既漸多，餉亦漸厚，而餉愈不給矣」。為整飭屯政，供給軍需，畢自嚴提出了具體整頓措施，「行委府佐官員加意查核，履畝清丈，有埋沒者則遡流而窮源，有荒蕪者則設法以開墾。清查完日，地方撫按具實奏聞，造冊報部，定為額數，除原經題徵銀衛所照例追納外，其餘仍舊徵收本色入倉，非遇大荒，不得輕議改拆以饜奸貪之腹，□令邊鎮糧廳督同衛所管屯官徵收，其離糧廳窵遠者，分委坐落州縣徵收，而完欠參罰仍歸於武弁，亦不得乘機卸□，則屯糧漸復祖制之舊，而邊餉亦稍助□一二矣」〔註17〕。

　　明代後期，軍費激增，京運供給為難，恢復屯田的呼聲很高，然而終未取得實效，「數十年來謀臣策士蒿目嘔心，思復屯鹽之舊者至諄切矣，然榛莽之區竟無畔岸，開荒之報多是虛文，逐末之輩率憚耕耘，開墾之譚卒成畫餅」〔註18〕。隆慶時期，戶部尚書劉體乾曾說，「各鎮原自有主兵，一鎮之兵足以守一鎮之地。後主兵不可守，增以募兵，募兵不已，增以客兵，調集多於往

〔註15〕劉效祖：《四鎮三關志》卷四《糧餉考·薊鎮糧餉》，第 122～123 頁。
〔註16〕劉效祖：《四鎮三關志》卷四《糧餉考·薊鎮糧餉》，第 125 頁。
〔註17〕畢自嚴：《度支奏議》堂稿卷一《舊餉告匱邊鎮呼庚疏》，第 29 頁。
〔註18〕孫承澤：《春明夢餘錄》卷三五《戶部一·經費》，《景印文淵閣四庫全書》子部第 868 冊，臺北：商務印書館，1983 年，第 486 頁。

時，而坐食者愈眾矣。其合用芻糧，各鎮原自有屯田，一軍之田足以贍一軍之用。後屯糧不足，加以民糧，民糧不足，加以鹽糧，鹽糧不足，加以京運，饋餉溢於常額，而橫費者滋甚矣」〔註19〕。

二、民運

（一）天津民運

《明史》記載，禦倭援朝戰爭期間「天津屯兵四千，費餉六萬，俱斂諸民間」〔註20〕，「朝鮮用兵，置軍天津，月餉六萬，悉派之民間」〔註21〕。《明神宗實錄》也有這樣的記載，「津防軍十月餉六萬餘兩俱派民間出給」〔註22〕。《明經世文編》則記載，「天津一處又增海防兵三千、力士五百，歲增餉六萬矣，而又調遣浙、直南兵，歲費月餉、行糧二十餘萬矣」〔註23〕。由此可知，除天津本地軍隊外，從浙江、南直隸徵調的南兵每年需月餉、行糧二十餘萬兩。

根據萬曆《河間府志》的記載，天津葛沽海防營官軍餉銀於畿南保定、河間、真定、順德、廣平、大名六府地方按畝徵辦供用〔註24〕。畢自嚴在《防兵盡改屯兵海滋單虛可慮疏》中也說，「先年設水、陸二營共五千人，其後倭平撤去，僅存一營，共二千五百人，內水兵用南人一千五百名，每名月餉一兩五錢，每歲約該餉銀十八兩；陸兵用北人一千名，每名月餉一兩，遇汛量加行糧稻穀，每歲約該餉銀十三兩，俱於保、河、真、順、廣、大六府每歲派解天津餉司收放」〔註25〕。汪應蛟《酌議海防未盡事宜疏》也記載，「水、陸二營以今議兵數會計，月餉歲該銀七萬一千餘兩，悉當於所屬州縣照地均派」〔註26〕。萬曆《河間府志》則記載，北直隸河間府派徵天津海防營兵餉銀5939.24679兩，分派於河間府所轄2州、16縣，至萬曆四十三年交河縣申請將所派餉銀根據地畝饒瘠，通融折於稅糧〔註27〕。天啟時期，天津軍隊所

〔註19〕 余繼登：《典故紀聞》卷一八，《續修四庫全書》第428冊，上海：上海古籍出版社，2002年，第268～269頁。

〔註20〕 張廷玉：《明史》卷二四一《汪應蛟傳》，第6266頁。

〔註21〕 張廷玉：《明史》卷二四一《孫瑋傳》，第6271頁。

〔註22〕 《明神宗實錄》卷三八六，萬曆三十一年七月戊午，第7253頁。

〔註23〕 陳子龍：《明經世文編》卷三八九，楊俊民《邊餉漸增供億難繼酌長策以圖治安疏》，第4205～4206頁。

〔註24〕 杜應芳、陳士彥：（萬曆）《河間府志》卷六《武備志・兵制・葛沽兵制》，第26頁。

〔註25〕 畢自嚴：《餉撫疏草》卷一《防兵盡改屯兵海滋單虛可慮疏》，第48頁。

〔註26〕 汪應蛟：《海防奏疏》卷二《酌議海防未盡事宜疏》，第409頁。

〔註27〕 杜應芳：（萬曆）《河間府志》卷五《貢賦志・各項錢糧》，第82頁。

需米、豆由眞定、順天、保定、河間等府糴買輸運〔註28〕。

萬曆二十五年十二月，議准天津各營糧銀共 263400 兩，由兵部、戶部分辦，其中兵部出辦三分，每歲定 79020 兩；戶部出辦七分，每歲定銀 184380 兩。戶部所出辦銀兩於山東、保鎮、薊鎮各府地畝內酌量派徵，順天、永平二府軍多民少，量派銀 1 萬兩，山東等六府共派銀 94000 兩，保定、河間、眞定、順德、廣平、大名等六府共派銀 80380 兩，各照數徵解，運送天津餉司收貯，專備防海兵餉支用，若遇閏月照數加徵，如有延緩違玩、致誤軍需者，聽海防巡撫逕自參處〔註29〕。至萬曆二十六年，再次議准本由兵部出辦的馬匹料草銀 9720 兩，改由戶部出辦，於畿南各府屬解京折銀內照數扣留，轉解供應。至萬曆二十七年三月，萬曆二十六年應解天津兵餉銀 263400 兩，戶部所出辦餉銀 184380 兩，山東省派銀 94000 兩，已解到銀 6 萬兩，未解銀 34000 兩；順、永二府派銀 1 萬兩，已解到銀 7598.560143 兩，未解銀 2401.439857 兩；保定、河間、眞定、順德、廣平、大名六府派銀 80380 兩，俱已解完。戶部又出辦兵部應辦草料，扣留眞定府京庫銀 9720 兩，已經解完，兵部兩次於太僕寺常盈庫共解發餉銀 69300 兩，戶部、兵部共解到銀 226998.560143 兩，未解銀 36401.439857 兩。事實上，天津軍費戶部七分、兵部三分的分配並未堅持多久，汪應蛟在《酌議海防未盡事宜疏》即說：「臣不敢復持兵三之說，以徼不可幾之恩澤矣。」〔註30〕

萬曆時期，戶部尙書楊俊民說，「天津等鎮屯糧、民運原係濟邊正額，如有拖欠，責成各該司道督率軍衛、有司官照數完追」〔註31〕。畢自嚴《餉撫疏草》對海防營也有如下記載，「津門之有海防營，原以防海而備倭也，先年設水、陸二營，共五千人。其後倭平撤去，僅存一營，共二千五百人，內水兵用南人一千五百名，每名月餉一兩五錢，每歲約該餉銀十八兩；陸兵用北人一千名，每名月餉一兩，遇汛量加行糧、稻穀，每歲約該餉銀十三兩，俱於保、河、眞、順、廣、大六府每歲派解天津餉司收放」〔註32〕。天啓三年七月，陝西道御史蔣允儀奏言各處軍餉告急，入不敷出，其中天津爲籌措軍

〔註28〕 《明熹宗實錄》卷六三，天啓五年九月戊申，第 2946～2947 頁。
〔註29〕 汪應蛟：《撫畿奏疏》卷四《海防軍務方殷重地兵食俱匱疏》，第 448 頁。
〔註30〕 汪應蛟：《海防奏疏》卷二《酌議海防未盡事宜疏》，第 409 頁。
〔註31〕 陳子龍：《明經世文編》卷三八九，楊愛民《邊餉漸增供億難繼酌長策以圖治安疏》，第 4209 頁。
〔註32〕 畢自嚴：《餉撫疏草》卷一《防兵盡改屯兵海滋單虛可慮疏》，第 48 頁。

餉，「遠追舊欠，預擬新徵，以為亦足相當也，此即幸奴之不來而吾已坐困」
〔註33〕。天啓五年三月，原任通政使司左參議馮時行建言節省軍餉之策，認
為「榆關、通州、天津、登萊四處，軍士逃者、亡者不必募補，歲可省萬餘
兩，其不係欽依等項員役，諉送請託，耗糧者不下千餘人，若盡數澄汰，歲
可省十餘萬兩」〔註34〕。裁汰諉送請託、虛耗糧餉者，對於節省軍餉確實不
無小補，然而對於逃亡的軍士不必募補，任由軍隊人數下降，對於軍隊戰鬥
力必然是一種削弱，由此可見明末軍餉困境。

萬曆後期，遼東地區的軍事形勢日益嚴峻，所需軍費急劇增加，軍餉開
始分為新、舊二餉，新餉「為遼患接濟關寧、宣、大、薊、密、永、津新兵，
取之田賦加派與雜項補湊」，舊餉則「專接濟薊、密、永、津、延綏、寧夏、
甘肅、固原等鎮舊兵，取之田賦正額與鹽課、雜項庫、榷關等件」〔註35〕。
畢自嚴在《軍興繁費弘多新舊二餉分局疏》中也說，「京師雜支與九邊年例原
屬舊餉，關寧軍興及薊、密、津、通等處新兵、援兵原屬新餉，此兩司兩庫
從來職掌也」〔註36〕。

（二）薊州民運

弘治元年十二月，兵部尚書余子俊在奏疏中說，「薊州關營軍士支糧城
中，動經旬日，一遇有警，或致疏虞。請令薊州、永平所屬稅糧悉輸之邊倉
以便支給」〔註37〕。余子俊的建議被採納施行，薊州、永平的稅糧成為薊州
軍糧供應的一個來源。明代薊州的軍糧一部分由河南等處稅糧供應，每年運
至大名府小灘，兌與官軍償運，途經臨清、德州至薊州上納，支給沿邊官軍。
成化九年，山東遭遇災荒，山東巡撫牟俸奏請將河南等處成化九年該運薊州
歲糧留山東賑濟，而以糶糧銀每米三石或二石五斗連耗糧腳價共作銀一兩，
兌與原運官軍，送納支給。明憲宗批覆薊州倉糧准留一半於山東賑濟，戶部
定與銀價，折收送倉交納〔註38〕。根據明實錄記載，山東、河南、北直隸徵
派薊鎮主兵糧餉279500餘兩〔註39〕，其中山東徵派薊鎮秋糧銀2199兩有奇

〔註33〕　《明熹宗實錄》卷三六，天啓三年七月辛亥，第1871頁。
〔註34〕　《明熹宗實錄》卷五七，天啓五年三月甲戌，第2651～2652頁。
〔註35〕　《崇禎長編》卷二〇，崇禎二年四月戊申，第1245～1247頁。
〔註36〕　畢自嚴：《度支奏議》堂稿卷一三《軍興繁費弘多新舊二餉分局疏》，第578頁。
〔註37〕　《明孝宗實錄》卷二一，弘治元年十二月丁巳，第499頁。
〔註38〕　《明憲宗實錄》卷一二一，成化九年冬十月庚午，第2336～2337頁。
〔註39〕　《明世宗實錄》卷五〇一，嘉靖四十年九月甲寅，第8295頁。

〔註40〕。今天津薊縣在明代爲薊州州治所在地，爲薊鎮一部分，薊州道設立後，薊州屬於薊州道轄區。《四鎮三關志》記載了薊州道的民運情況，茲製成下表：

表6-2 明代薊州道民運情況表

物資	征派地區	征派數量（／年）	存貯地	合計
額銀	河間府	1858 兩		9731 兩
	廣平府	3201 兩		
	大名府	851 兩		
	保定府	485 兩		
	順天府	3336 兩		
本色米豆	薊州	米 7143 石	將軍、黃崖、馬蘭三倉	米、豆 24045 石
	遵化	米 3488 石	羅文、洪山、漢兒三倉	
	豐潤	米 8996 石	喜峰、青山、太平、三屯四倉	
		豆 2234 石	三屯營、漢兒莊二倉	
	玉田	米 2184 石	大安口倉	
本色草	薊州	86058 束	馬蘭谷場	343538 束
	遵化縣	84341 束	永盈、羅文谷二場	
	豐潤	129283 束	三屯場	
	玉田	43856 束	大安口場	

注：上表根據《四鎮三關志》卷四《糧餉考·薊鎮糧餉》製成。

明代後期，由於軍事形勢逐漸嚴峻，客兵、募兵大量增加，民運已無法滿足軍餉所需，於是京運開始成爲供給軍餉的重要管道。「國初九邊主客兵餉俱有各省州縣民運以資供億，後來間發京帑，不過一時權宜之計，濟急需，若民運一分之充足，即京運一分之節省，無奈承平日遠，疆場之臣忘其初意，以京運爲必不可少之物，其視民運積逋漫不經心，亦恃有京運可補耳」〔註41〕。

關於明代中期以後民運廢弛的原因，嘉靖四十一年三月，總理宣大糧餉侍郎霍冀指出，「主兵月糧全資民運，而各省逋欠動逾萬數，其弊在軍有四，在官司有六，攬收誆騙於奸民，逋欠抗違於巨室，批關輾轉於虛文，侵欠觀望於蠲免，此四者軍民之蠹也。會派爽於成限，徵斂失於及時，比併混於無

〔註40〕《明神宗實錄》卷二，隆慶六年六月甲戌，第 46 頁。
〔註41〕畢自嚴：《度支奏議》堂稿卷一《舊餉告匱邊鎮呼庚疏》，第 28 頁。

等，核籲徵之不實，稽銷注之欠嚴，追逋負之無法，屯租之斃猶之民糧，武弁不職甚於有司，此六者官司之蠹也」。為此，霍冀建議自嘉靖四十二年始，河南、山東的民運事務專責成於巡按御史，「重其事權，仍令歲終參劾，先司府而後州縣，庶人無怠玩，宿弊可釐」〔註42〕。

三、京運

（一）天津京運

援朝禦倭戰爭爆發後，天津地區主、客兵馬數量激增，京運成為供應軍餉的主要途徑。萬曆二十年，倭警震鄰，天津新募海防兵 3000 名，月餉每人一兩；力士 500 名，月餉每人一兩五錢，不及一年費太倉銀 59950 餘兩〔註43〕。京運銀兩除一部分由戶部太倉銀支給外，還有一部分由兵部籌措。萬曆二十五年十二月，議准天津各營糧銀共 263400 兩，由兵部、戶部分辦，兵部出辦三分，每歲定 79020 兩；戶部出辦七分，每歲定銀 184380 兩。戶部所出辦銀兩於山東、保鎮、薊鎮各府地畝內酌量派徵，兵部出辦的銀兩則於太僕寺常盈庫支給。萬曆二十六年，兵部兩次於太僕寺常盈庫共解發天津餉銀 69300 兩。萬曆二十七年，兵部解發天津餉銀 26545 兩。天啟元年五月，畢自嚴就任天津巡撫後，召募壯勇 2000 餘名，兵部發給安家銀 20000 兩〔註44〕。天啟二年，天津索餉緊急，戶部發太倉銀 5 萬兩於天津〔註45〕。李邦華任天津巡撫時，天津主、客各兵月支餉銀 2 萬餘兩，全部依賴戶部給發，當戶部拖欠兩個月軍餉時，天津各兵嗷嗷不堪，於是李邦華挪用製器、買馬之銀得 7000 餘兩，復借海防舊營剩存臘月餉銀 2000 餘兩，又借福兵安家銀 4000 餘兩，又從贊司主事郭□□處借糧料銀 1000 兩，從清軍同知盧觀象借屯糧銀 500 兩，合津城之衙門無處不請求，無處不搜括，才得以勉強發放軍餉〔註46〕。因此，李邦華慨歎，「臣官名巡撫，曾無一州一邑之轄，而寄萬五千人之命，僅憑獨撐獨拍之力，以當朝不及夕之局，積勞積鬱，病入膏肓，迫而呼天，情非獲已」〔註47〕。

〔註42〕《明世宗實錄》卷五○七，嘉靖四十一年三月甲午，第 8359～8362 頁。
〔註43〕陳子龍：《明經世文編》卷三八九，楊俊民《邊餉漸增供億難繼酌長策以圖治安疏》，第 4215 頁。
〔註44〕畢自嚴：《石隱園藏稿》卷五《疏一‧錢糧不繼疏》，第 501 頁。
〔註45〕汪應蛟：《計部奏疏》卷三《黔患屢嫠聖慮滇危更切孤懸懇乞聖慈亟發帑銀以廣皇仁以奠遐疆疏》，第 590 頁。
〔註46〕李邦華：《文水李忠肅先生集》卷三《撫津茶言‧再催兵餉疏》，第 121 頁。
〔註47〕李邦華：《文水李忠肅先生集》卷三《撫津茶言‧再催兵餉疏》，第 142 頁。

　　根據天津巡撫李邦華所言，天啓三年五月天津軍隊需餉 19700 餘兩，六、七、八月均需餉 15600 餘兩，所需軍餉全部仰給於戶部。當時，戶部發餉遲緩，五月該發之餉僅發給 1 萬兩，掛欠 9700 餘兩，至七月初戶部才又補發軍餉 1 萬兩，除去掛欠 9700 餘兩，結餘 200 餘兩。六月該發之餉至七月底始發給 1 萬兩，加上之前所餘 200 餘兩，掛欠 5300 餘兩，而七月該發之餉至月底尚無給發分毫〔註 48〕，由此可見當時朝廷財政之拮据和天津軍事之艱難。

（二）薊州京運

　　根據《典故紀聞》所言，「九邊舊無客兵，止有主兵，歲派民運、屯鹽足以自給。後因民運多逋，屯鹽漸弛，又客兵調遣不常，遂致奏討數多」〔註 49〕。嘉靖四十一年三月，總理宣大糧餉戶部侍郎霍冀說，「薊鎮主、客錢糧自二十九年而京運始發，至三十九年而額數愈增，如薊州主兵年例不過六、七萬，今則十四五萬矣，客兵不過十數萬，今則三十萬矣……往時薊鎮主客止四、五路，今則增爲十區，而副、參、遊、守節年添設，不啻數倍矣。往時未有客兵，俱主兵調遣，今不遠千里，而山、陝、遼、保分番徵調已十餘年矣。往者在邊止於防秋，今則戍守無虛月，無虛歲矣，此年例之所以愈增而愈不足也」〔註 50〕。事實上，在嘉靖二十九年之前，薊鎮已有京運餉銀，如弘治二年八月，明孝宗命戶部運太倉銀 2 萬兩於薊州倉以備軍儲〔註 51〕。再如嘉靖十二年十二月，發太倉銀，12000 兩於薊鎮〔註 52〕。

　　根據《四鎮三關志》記載，薊州道京運年例銀 402430.3 兩，主、客兼支，除年例銀外，薊州道還有京運本色米 10 萬石。本色米原運貯京倉，後派山東、河南二省米 10 萬石，本船運至薊州倉收貯，專給主兵。隆慶六年，總督劉應節、巡撫楊兆議疏濬薊東河一道，通遵化縣平安城，繼以舟運至平安倉收貯，給馬、太、喜、松四路軍士月糧支用〔註 53〕。薊鎮的主兵兵餉原本主要依靠民運、民屯、漕運等項，其中民運征派山東、河南、北直隸折色 279500 餘兩，民屯、漕運本色 247000 餘石，京運之銀僅有客兵軍餉一二萬兩。自嘉靖二十九年俺答內犯後，薊鎮軍事形勢陡然嚴峻，京運之銀逐漸增加，至嘉靖四十

〔註 48〕 李邦華：《文水李忠肅先生集》卷三《撫津茶言・再催兵餉疏》，第 145 頁。
〔註 49〕 余繼登：《典故紀聞》卷一七，第 258 頁。
〔註 50〕 《明世宗實錄》卷五〇七，嘉靖四十一年三月甲午，第 8359～8361 頁。
〔註 51〕 《明孝宗實錄》卷二九，弘治二年八月戊子，第 644 頁。
〔註 52〕 《明世宗實錄》卷一五七，嘉靖十二年十二月甲午，第 3533 頁。
〔註 53〕 劉效祖：《四鎮三關志》卷四《糧餉考・薊鎮糧餉》，第 117 頁。

年京運銀已增至 75 萬餘兩〔註 54〕。嘉靖四十二年北虜入寇，薊鎮客兵銀增至 30 餘萬兩，之後薊遼總督劉燾會計嘉靖四十三年歲用之數，又增至 70 餘萬兩，經戶部覆核後，定為薊鎮客兵銀 276120 兩〔註 55〕。

表 6-3　明代薊鎮京運銀概況

時間	數目	京運銀來源	用途	資料出處
弘治二年八月	2 萬兩	太倉銀	備軍儲	《明孝宗實錄》卷二九，弘治二年八月戊子。
嘉靖十二年十二月	1.2 萬兩	太倉銀		《明世宗實錄》卷一五七，嘉靖十二年十二月甲午。
嘉靖二十一年正月	3 萬兩	太倉銀		《明世宗實錄》卷二五七，嘉靖二十一年正月丁木。
嘉靖二十三年正月	3 萬兩	不詳		《明世宗實錄》卷二八二，嘉靖二十三年正月甲子。
嘉靖二十四年十月	1.5 萬兩	太倉銀	充次年客餉。	《明世宗實錄》卷三○四，嘉靖二十四年十月丁未。
嘉靖二十五年二月	3 萬兩	不詳		《明世宗實錄》卷三○八，嘉靖二十五年二月癸巳。
嘉靖二十五年七月	1 萬兩	太倉銀	實軍儲	《明世宗實錄》卷三一三，嘉靖二十五年七月戊申。
嘉靖二十五年十二月	3 萬兩	不詳		《明世宗實錄》卷三一八，嘉靖二十五年十二月庚寅。
嘉靖二十七年正月	3 萬兩	太倉銀		《明世宗實錄》卷三三二，嘉靖二十七年正月壬辰。
嘉靖二十九年九月	5 萬兩	太倉銀	補給糧賞、募軍、修邊諸費。	《明世宗實錄》卷三六五，嘉靖二十九年九月辛亥。
嘉靖三十年十月	2 萬兩	太倉銀	支發新軍餉。	《明世宗實錄》卷三七八，嘉靖三十年十月丁卯。
嘉靖三十年十二月	2.6 萬兩	太倉銀	春班官軍、徵調客兵軍餉。	《明世宗實錄》卷三八○，嘉靖三十年十二月癸未。

〔註 54〕《明世宗實錄》卷五○一，嘉靖四十年九月甲寅，第 8295 頁。
〔註 55〕《明世宗實錄》卷五三一，嘉靖四十三年閏二月己丑，第 8651～8652 頁。

嘉靖三十三年十一月	2.7萬兩	太倉銀		《明世宗實錄》卷四一六，嘉靖三十三年十一月戊午。
嘉靖三十四年三月	0.2萬兩	太倉銀	給賞遼東遊兵戍薊鎮者。	《明世宗實錄》卷四二〇，嘉靖三十四年三月戊戌。
嘉靖三十四年八月	3萬兩	不詳		《明世宗實錄》卷四二五，嘉靖三十四年八月丁亥。
嘉靖三十五年正月	2萬兩	太倉銀	給新增兵餉。	《明世宗實錄》卷四三一，嘉靖三十五年正月丁亥。
嘉靖三十五年四月	66177兩	太倉銀	給新增兵餉。	《明世宗實錄》卷四三四，嘉靖三十五年四月壬寅。
嘉靖三十五年七月	2萬兩	太倉銀	充客餉。	《明世宗實錄》卷四三七，嘉靖三十五年七月己卯
嘉靖三十五年九月	3萬兩	太倉銀	各充防秋主、客兵餉。	《明世宗實錄》卷四三九，嘉靖三十五年九月乙酉。
嘉靖三十五年十一月	3萬兩	太倉銀	備次年兵餉。	《明世宗實錄》卷四四一，嘉靖三十五年十一月乙酉。
嘉靖三十六年四月	6萬兩	太倉銀	給客兵及新增軍馬糧料、布花之用。	《明世宗實錄》卷四四六，嘉靖三十六年四月庚子。
嘉靖三十六年五月	4萬兩	太倉銀	備主、客兵餉。	《明世宗實錄》卷四四七，嘉靖三十六年五月丙子。
嘉靖三十六年七月	3萬兩	太倉銀	為防秋客兵之用。	《明世宗實錄》卷四四九，嘉靖三十六年七月庚午。
嘉靖三十六年十二月	2萬兩	不詳	預發主、客兵餉銀。	《明世宗實錄》卷四五四，嘉靖三十六年十二月乙未。
嘉靖三十七年三月	2萬兩	工部工資、贓罪等銀		《明世宗實錄》卷四五七，嘉靖三十七年三月壬子。
嘉靖三十八年正月	5萬兩	太倉銀	備糴。	《明世宗實錄》卷四六八，嘉靖三十八年正月丙子。
嘉靖三十八年正月	1萬兩	太倉銀	備新增客兵糧芻。	《明世宗實錄》卷四六八，嘉靖三十八年正月戊戌。
嘉靖三十八年三月	2萬兩	太倉銀	備客兵糧芻。	《明世宗實錄》卷四七〇，嘉靖三十八年三月乙亥。
嘉靖三十八年七月	5萬兩	太倉銀	備客兵糧芻。	《明世宗實錄》卷四七四，嘉靖三十八年七月丙子。

嘉靖三十八年八月	3 萬兩	太倉銀	備新增軍馬糧餉。	《明世宗實錄》卷四七五，嘉靖三十八年八月癸亥
嘉靖三十八年八月	2.5 萬兩	太倉銀	備客兵糧芻。	《明世宗實錄》卷四七五，嘉靖三十八年八月甲子。
嘉靖三十八年十月	2 萬兩	太倉銀	備客兵糧芻。	《明世宗實錄》卷四七七，嘉靖三十八年十月丙辰。
嘉靖四十年正月	37.4 萬兩	不詳		《明世宗實錄》卷四九二，嘉靖四十年正月壬戌朔。
嘉靖四十年六月	1 萬兩	太倉銀	收糴以實邊儲。	《明世宗實錄》卷四九八，嘉靖四十年六月丙子。
嘉靖四十一年六月	1 萬兩	不詳	客兵軍餉。	《明世宗實錄》卷五一〇，嘉靖四十一年六月丙子。
嘉靖四十二年六月	3 萬兩	太倉銀	來歲主、客兵餉。	《明世宗實錄》卷五二二，嘉靖四十二年六月甲子。
嘉靖四十三年十月	36450 兩	太倉銀	2.905 萬兩補支閏二月不敷之數，7400兩給召募新兵。	《明世宗實錄》卷五三九，嘉靖四十三年十月丁丑。
嘉靖四十五年正月	3 萬兩	太僕寺馬價銀	修邊軍餉。	《明世宗實錄》卷五五四，嘉靖四十五年正月己酉。
隆慶元年二月	16.64 萬兩	太倉銀	備客兵支用。	《明穆宗實錄》卷五，隆慶元年二月甲辰。
隆慶二年二月	16.6 萬餘兩	太倉銀	客兵軍餉。	《明穆宗實錄》卷一七，隆慶二年二月壬辰。
隆慶二年三月	56000 餘兩	太倉銀		《明穆宗實錄》卷一八，隆慶二年三月庚申。
隆慶二年六月	發銀23萬兩於宣府、大同、永平、密雲、薊州、昌平。	不詳	糴買來歲糧草。	《明穆宗實錄》卷二一，隆慶二年六月丙戌。
隆慶二年六月	發銀 145900 兩於薊州、永平、密雲、昌平、易州。	不詳	補民運蠲牛之數。	《明穆宗實錄》卷二一，隆慶二年六月乙未。
隆慶二年九月	9683 兩	太倉銀	給發邊軍。	《明穆宗實錄》卷二四，隆慶二年九月己酉。

隆慶三年正月	4 萬兩	太倉銀	給新募南兵糧餉。	《明穆宗實錄》卷二八，隆慶三年正月戊辰。
隆慶三年三月	56000 餘兩	太倉銀	充軍餉。	《明穆宗實錄》卷二八，隆慶三年三月己酉。
隆慶三年六月	1 萬兩	太倉銀	主、客軍需。	《明穆宗實錄》卷三三，隆慶三年六月甲戌。
隆慶四年五月	發銀 25 萬兩於宣府、大同、薊州、永平、密雲、昌平.	太倉銀	充主、客兵餉。	《明穆宗實錄》卷四五，隆慶四年五月辛巳。
隆慶四年六月	66000 餘兩	太倉銀	給南兵軍餉。	《明穆宗實錄》卷四六，隆慶四年六月癸丑。
隆慶五年三月	105000 餘兩	太倉銀	充主、客兵餉。	《明穆宗實錄》卷五五，隆慶五年三月丁亥。
隆慶六年三月	85100 餘兩	太倉銀	充主、客兵餉。	《明穆宗實錄》卷六八，隆慶六年三月辛卯。
萬曆元年七月	薊、密、永、昌 四 鎮 共 226800 兩有奇	不詳		《明神宗實錄》卷一五，萬曆元年七月丙戌。
萬曆二年六月	20734 兩有奇	不詳	防秋	《明神宗實錄》卷二六，萬曆二年六月甲子。
萬曆二年十一月	40450 兩有奇	太倉銀	充官軍行、月二糧。	《明神宗實錄》卷三一，萬曆二年十一月壬辰。
萬曆六年六月	7000 兩	太僕寺馬價銀	充歲餉。	《明神宗實錄》卷七六，萬曆六年六月丙申。
萬曆六年七月	13105 兩	太倉銀	防秋	《明神宗實錄》卷七七，萬曆六年七月癸亥。
萬曆六年八月	109202 兩	太倉銀	軍餉	《神宗實錄》卷七八，萬曆六年八月辛巳。
萬曆十年三月	薊、昌二鎮共55231 兩有奇	戶部太倉銀、兵部馬價銀	備犒恤、修築之用。	《明神宗實錄》卷一二二，萬曆十年三月癸亥。
萬曆十一年二月	15700 兩有奇	太僕寺常盈庫馬價銀	備萬曆十二年撫賞及補還薊、密、永、昌四鎮額餉。	《明神宗實錄》卷一三三，萬曆十一年二月乙酉。

　　由上表可以看出，薊州京運銀兩除一部分來自戶部太倉外，還有一本分來自太僕寺，太僕寺由兵部領導，戶部與兵部常爲給發軍費發生衝突。隆慶元年三月，薊鎮、宣府二鎮修邊、募兵，兵部請戶部發太倉銀協濟，而戶部卻稱本部歲派錢糧蠲免過半，九邊軍儲尚不能給，無力協濟修邊、募兵之費，建議以後各鎮修邊、募兵，務盡太僕寺馬價銀給發。如果太僕寺匱乏已極，而戶部儲蓄稍充，再議處戶部協濟之事。戶部的主張被採納，之後修邊、募兵之費取用於太僕寺，戶部在這次利益之爭中佔了上風〔註56〕。關於太僕寺給發各邊餉銀的情況，萬曆二十六年正月，太僕寺上言，「自後各邊請發，始而借支，繼而年例，而兵三之議歲取之馬價矣。歷查先年寺庫聚積四百餘萬，自東、西二役之興，一切軍餉取足兵部，該部必取諸寺庫，於是支發若流，迄今於東封竣事，費三百萬，所存者止百餘萬矣，始從此積貯不支，猶可待用。乃自東征議起，今日解發朝鮮，明日解發天津，今日支餉川兵，明日支餉廣兵，多者二十餘萬，少者不下數萬，俱出年例之外，各邊年例又不少減，於是百餘萬之積俱空，馬價不足，借支草料，草料不足，借支子粒，而所存者不過子粒、椿棚等銀十餘萬而已」〔註57〕。由此可見，太僕寺所貯馬價銀也解發天津，以供軍餉之用，而且這部分太僕寺馬價銀還在年例銀之外，當太僕寺馬價銀不足時，則動支太僕寺所貯草料銀、籽粒銀，以致太僕寺所貯僅存十餘萬而已。

四、鹽糧與鹽課

（一）天津鹽糧與鹽課

　　萬曆二十二年六月，總督倉場褚鈇疏請將河間、河大、瀋陽、天津春秋五營班軍留天津防海，免令赴邊修築，其軍餉則用長蘆鹽運司每年割沒鹽銀一二萬兩來支給〔註58〕。萬曆二十六年二月，天津巡撫萬世德也建議增發鹽引以充軍餉，經戶部題請後，得旨於長蘆運司開增鹽引 10 萬，每引納銀三錢，共銀三萬兩，解赴天津餉司貯收、支費〔註59〕。萬曆二十七年，戶部發長蘆運司鹽課餘沒銀 5 萬兩於天津〔註60〕。根據汪應蛟《酌議海防未盡事宜疏》的記載，天津左、右二營邊、海遮防甚苦，「其行餉除本色外，照近議每名月

〔註56〕《明穆宗實錄》卷六，隆慶元年三月庚辰，第 179～180 頁。
〔註57〕《明神宗實錄》卷三一八，萬曆二十六年正月丙申，第 5916～5918 頁。
〔註58〕《明神宗實錄》卷二七四，萬曆二十二年六月庚戌，第 5072～5073 頁。
〔註59〕《明神宗實錄》卷三一九，萬曆二十六年二月丙子，第 5943～5944 頁。
〔註60〕汪應蛟：《撫畿奏疏》卷四《東征水兵會集天津及時計餉補借疏》，第 452 頁。

支銀一錢三分，歲該銀四千六百八十餘兩；水、陸二營汛期出海哨探及分布信地，舊例有本、折行餉，以今議兵數計之，該銀七千六百餘兩」。當時太倉拮据，無從措辦，於是汪應蛟建議長蘆鹽運司每年增發 16000 鹽引，計引價、余沒共銀 14400 兩，大約足夠一年行餉之用。汪應蛟認爲如此太倉無捐發之費，於國少裨，於商亦不甚病〔註61〕。

事實上，增發鹽引危害很大，一方面鹽引可以增發，而鹽場的產鹽能力相對穩定，如果不考慮實際產量，隨意增發鹽引，必然延長鹽商的守支時間，鹽商投入大量資本換得鹽引，結果卻是遙遙無期地守支。另一方面鹽引可以增發，而鹽的消費需求相對穩定，如果不考慮人口對鹽的實際需求量，隨意增發鹽引，結果導致鹽的供應量增加，只會延長鹽的銷售時間。增發鹽引後，鹽商的大量資本預先被國家佔用，而守支、銷售的時間卻被延長，鹽商的利益必然受到嚴重損害。汪應蛟本人也承認，自萬曆二十六年長蘆鹽運司每年增發五萬鹽引，結果引起各鹽商逃避而不肯應命〔註62〕。

（二）薊州鹽糧與鹽課

通過開中法籌集軍餉是明代軍餉來源的重要管道，正統八年十一月，密雲、薊州、遵化、山海、永平等處糧儲不多，戶部擔心不敷支用，建議召商於密雲縣古北口倉、遷安縣灤陽驛倉納糧，開中河東、山東、福建、廣東、海北之鹽，每引米、麥、豆二斗五升，這個建議被明英宗採納〔註63〕。成化十六年十月，薊州、永平、山海等處邊儲缺乏，而河東鹽運司池鹽充足，因此戶部建議於薊州、永平、山海等處開中河東餘鹽，其中薊州開中四萬引，一萬引中納草束，三萬引中納米、豆，每引納草十束或豆四斗、米三斗，限當年十二月內完足，否則每引加草二束或米、豆各一斗，此建議得以施行〔註64〕。此後，薊州開中鹽引多爲兩淮、長蘆鹽運司，偶而會於別的鹽運司開中，而且開中制也逐漸由實物向白銀轉化，正德十年十一月，經戶部建議，薊鎮開中兩淮、長蘆、河東鹽課 190118 引，得銀五萬兩〔註65〕。正德十五年七月，薊鎮開中兩淮鹽課 15 萬引，召商輸納糧草〔註66〕。嘉靖二十九年十月，開長蘆

〔註61〕 汪應蛟：《海防奏疏》卷二《酌議海防未盡事宜疏》，第 409 頁。
〔註62〕 汪應蛟：《海防奏疏》卷二《酌議海防未盡事宜疏》，第 409 頁。
〔註63〕 《明英宗實錄》卷一一〇，正統八年十一月己未，第 2217～2218 頁。
〔註64〕 《明憲宗實錄》卷二〇八，成化十六年十月乙卯，第 3623 頁。
〔註65〕 《明武宗實錄》卷一三一，正德十年十一月辛丑，第 2605～2606 頁。
〔註66〕 《明武宗實錄》卷一八八，正德十五年七月辛丑，第 3579 頁。

利民等鹽場殘鹽 200992 引，並淮、浙水鄉折色鹽、長蘆丁地折布鹽俱復本色，召商赴薊鎮報中〔註 67〕。萬曆二年、萬曆三年，薊鎮兩次均開中兩淮常股、存積鹽 13581 兩有奇，專備客兵並歲用不敷及新增募兵等項支用〔註 68〕。萬曆五年，薊州鎮開中長蘆鹽 67906 引〔註 69〕。

表 6-4　明代薊州開中概況

時間	鹽運司	鹽引數量	開中物資	開中比例	資料來源
成化十六年十月	河東	4 萬引	1 萬引開中草，3 萬引開中米、豆。	每引開中草十束或豆四斗、米三斗。	《明憲宗實錄》卷二〇八，成化十六年十月乙卯。
正德十年十一月	兩淮、長蘆、河東	190118 引	銀 5 萬兩		《明武宗實錄》卷一三一，正德十年十一月辛丑。
正德十五年七月	兩淮	15 萬引	糧、草	不詳	《明武宗實錄》卷一八八，正德十五年秋七月辛丑。
嘉靖二十九年十月	長蘆、兩淮、兩浙	長蘆殘鹽 200992 引，淮、浙水鄉折色鹽、長蘆丁地折布鹽數量不詳。	本色	不詳	《明世宗實錄》卷三六六，嘉靖二十九年十月己卯。
隆慶二年	兩淮、長蘆	淮鹽 9149 引，長蘆鹽 45033 引。	銀 13581 兩	淮鹽每引 5 錢，長蘆鹽每引 2 錢。	《明穆宗實錄》卷一二，隆慶元年九月丁丑。
隆慶三年	兩淮水鄉鹽、長蘆折布鹽	兩淮水鄉鹽 9149 引 100 斤，長蘆折布鹽 45303 四引。		淮鹽每引 5 錢，長蘆鹽每引 2 錢。	《明穆宗實錄》卷二四，隆慶二年九月戊午。
隆慶四年	兩淮、長蘆	兩淮 6404 引，長蘆 31523 引。	銀 9506 兩	淮鹽每引 5 錢，長蘆鹽每引 2 錢。	《明穆宗實錄》卷三二，隆慶三年五月甲子。
萬曆二年	不詳	不詳	銀 13581 兩	不詳	《明神宗實錄》卷一二，萬曆元年四月己卯。

〔註 67〕《明世宗實錄》卷三六六，嘉靖二十九年十月己卯，第 6546 頁。
〔註 68〕《明神宗實錄》卷一二，萬曆元年四月己卯，第 409～410 頁；卷二四，萬曆二年四月戊辰，第 623～625 頁。
〔註 69〕《明神宗實錄》卷四七，萬曆四年二月辛卯，第 1079～1080 頁。

萬曆三年	兩淮、長蘆	不詳	銀 13581 兩	不詳	《明神宗實錄》卷二四，萬曆二年四月戊辰。
萬曆五年	長蘆	67906 引	不詳	不詳	《明神宗實錄》卷四七，萬曆四年二月甲申。

　　嘉靖三十七年五月，根據御史萬民英的建議，明世宗下詔以兩淮、長蘆殘鹽派薊鎮上納本色，其各處倉場召買糧草，主兵糧草由管糧郎中管理，客兵糧草由兵備道管理，先期給票，商人照數買完，方得領價，如領價在先、侵欠不完者，主守官吏酌量多寡議罰〔註70〕。關於薊鎮開中則例，嘉靖四十年四月，薊遼總督、兵部尚書許論奏言：「近派薊鎮鹽糧，兩淮引銀五錢，長蘆引銀二錢，鹽商病其太重，絕無報中者，今歲歉糴貴，宜令減價納米，將兩淮鹽每引折米二斗五升，長蘆鹽每引折米一斗，即貯薊州倉供軍，俟歲豐仍復原價開中，不為例。」〔註71〕這年十二月，總理薊鎮宣大糧餉戶部右侍郎霍冀認為薊鎮開中鹽引定價過高，商不樂赴，建議將薊鎮兩淮鹽每引折米三斗，長蘆鹽每引折米一斗三升，得到朝廷採納〔註72〕。《四鎮三關志》也記載，淮鹽每引定價銀五錢或粟五斗，隨年歲凶豐，量為增損；蘆鹽每引定價銀二錢或納粟二斗三升八合，年歲凶豐，無增損；浙鹽每引定價銀三錢五分，年歲凶豐，無增損〔註73〕。由此可知，至晚從嘉靖後期開始，薊州開中通常則例為兩淮每引銀五錢，長蘆每引銀二錢，上表中隆慶時期的開中則例正是如此。

　　由於開中兩淮鹽，商人往返路途遙遠，而且開中則例較高，相比之下長蘆鹽運司則距薊州較近，開中則例也低，因此商人往往樂於開中長蘆鹽，而對開中兩淮鹽則缺乏熱情。隆慶六年四月，遼東巡撫張學顏在奏疏中說，鎮額派兩淮常股、存積之引，鹽商皆不願報中，因此建議將宣、大所開中的長蘆鹽引與薊鎮互換，得到明穆宗允准〔註74〕。萬曆元年，戶部尚書王國光再次建議將薊鎮開中淮鹽與大同開中長蘆鹽對調〔註75〕。

〔註70〕《明世宗實錄》卷四五九，嘉靖三十七年五月壬子，第 7760 頁。
〔註71〕《明世宗實錄》卷四九五，嘉靖四十年四月癸巳，第 8207 頁。
〔註72〕《明世宗實錄》卷五〇四，嘉靖四十年十二月甲申，第 8330～8332 頁。
〔註73〕劉效祖：《四鎮三關志》卷四《糧餉考・薊鎮糧餉》，第 124～125 頁。
〔註74〕《明穆宗實錄》卷六九，隆慶六年四月丙子，第 1667 頁。
〔註75〕《明神宗實錄》卷一一，萬曆元年三月戊戌，第 374～375 頁。

除開中外，徵收鹽鈔也是供應薊州軍餉的途徑之一。《明穆宗實錄》記載，隆慶元年開始將大名府應解保定府庫鹽鈔內，撥錢 285760 文、鈔 142840 貫解部，轉發薊州庫，以備營州右屯衛、營州左屯衛、營州中屯衛、營州前屯衛、營州後屯衛和寬河守禦千戶所官軍折俸支用，以後年分如例行〔註 76〕。萬曆元年，上述措施繼續施行，大名府鹽鈔徵錢一半解保定府庫內，分撥錢 285760 文、鈔 142840 貫解部，轉發薊州庫，補營州右屯衛、營州左屯衛、營州中屯衛、營州前屯衛、營州後屯衛和寬河守禦千戶所官軍折支俸糧，剩餘錢、鈔解保定庫，折放以上衛所官軍俸糧〔註77〕。

五、漕運

（一）天津漕糧

漕糧是天津地區本色軍餉供給的重要管道，《天津府志》記載，「天津之為衛有三，衛各有倉，歲儲蓄所漕運之粟各若干萬斛，以給官軍士」〔註78〕。萬曆《河間府志》記載，天津三衛各有倉廒，天津衛倉曰大運倉，天津左衛倉曰大盈倉，天津右衛倉曰廣備倉，三倉俱在天津衛西，每年收受山東、河南改兌漕糧粟米六萬石。除上述三倉外，天津三衛還各有預備倉，其中天津衛預備倉在本衛西廂房，天津左衛預備倉在本衛廂房，大津右衛倉在本衛後〔註79〕。《新校天津衛志》則記載，大運倉、大盈倉、廣備倉均修建於宣德時期，其中大運倉六廒、三十間，大盈倉九廒、四十五間，廣備倉七廒、三十五間。明末，農民軍佔領天津時，以上倉廒焚毀無存〔註80〕。根據明實錄記載，天津軍餉所需米石派於浙江、湖廣、山東、南直，豆則派於山東、北直隸〔註81〕，由南直隸大河等衛漕運米糧於天津倉、薊州倉〔註82〕。援朝禦倭戰爭爆發之初，萬曆二十年六月，撫臣宋仕、按臣劉士忠奏請截留漕糧六、七萬石以供軍餉，經戶部議覆後，得旨允行〔註83〕。為保證漕運的安全，萬

〔註76〕《明穆宗實錄》卷一，嘉靖四十五年十二月乙卯，第 24～25 頁。

〔註77〕《明神宗實錄》卷八，隆慶六年十二月戊寅，第 307～308 頁。

〔註78〕李梅賓、吳廷華：(乾隆)《天津府志》卷三四《戶部分司題名記》，第 500 頁。

〔註79〕杜應芳、陳士彥：(萬曆)《河間府志》卷三《宮室志・公署》，第 頁。

〔註80〕薛柱斗、高必大：《新校天津衛志》卷一《建置・倉廒》，第 56 頁。

〔註81〕《崇禎實錄》卷一，崇禎元年春正月壬申，臺北：中央研究院歷史語言研究所校勘本，1962 年，第 4 頁。

〔註82〕《明英宗實錄》卷二九二，天順二年六月丁卯，第 6239 頁。

〔註83〕《明神宗實錄》卷二四九，萬曆二十年六月甲午，第 4632 頁。

曆二十二年七月，經巡按直隸御史張允升奏請，將河間等衛奏留班軍與守舡南兵，分配各船紮營，南北兼練，與陸營兵 3000 相犄角，遇有警急，水陸夾攻，並於武清、楊村等沿河地方增立保甲、墅堡以捍盜賊〔註84〕。

根據天啓時期天津巡撫李邦華所言，其在任時朝廷發放軍餉往往遲緩、拖延，於是李邦華建議將兵丁每月月糧由五斗增爲一石，以使各兵無枵腹之苦，而所需本色依靠截漕供給。天啓三年春，李邦華請求截漕 10 萬石供給軍需，當時戶部認爲截漕數目太多，至七月底戶部該發軍餉尙拖欠六月餉銀 5300 餘兩、七月餉銀 15600 餘兩，各兵度日艱難，這時才發現春間截漕太少，不足以維持各兵生計〔註85〕。

（二）薊運糧

關於明代薊運糧的運輸情況，邵寶在《國朝運法議》中記載，「（永樂）十三年，增造淺船三千餘艘，海運始罷，乃造遮洋船，每歲於河南、山東小灘等水次兌運糧三十萬石，內六萬石於天津等衛倉收，二十四萬石……俱從直沽入海，轉運薊州倉收」〔註86〕。道光《薊州志》中的相關記載爲，「故明永樂時，命大河等十三衛管駕遮洋船，於大名府衛河兌糧，由直沽海口開洋，涉歷海道，運至薊州給軍」〔註87〕。永樂十三年後薊運糧的任務由遮洋總承擔，「其歲運糧四百萬石內，薊州邊儲獨遮洋一總」〔註88〕。當時，薊運糧需用旗軍 6300 人，用船 350 隻，由直沽出海，越海 70 餘里，到達寶坻北塘口進入薊運河，再由薊運河將漕糧運至薊州〔註89〕。

由於海中風濤險惡，歲有疏虞，天順二年六月，漕舟於海口遭遇風浪，漂沒漕糧 9500 餘石〔註90〕。爲避免海上運輸的風險，天順二年，大河衛百戶閔恭奏言，「臣見新開沽河北望薊州，正與水套沽河相對，止有四十餘里，河徑水深，堪行舟楫，但其間十里之地阻隔，若挑通之，由此儹運，則海濤之患可免，雖勞人力於一時，實千百年之計也」。明英宗命薊州總兵、巡按直隸御史詳細勘察。

〔註84〕 《明神宗實錄》卷二七五，萬曆二十二年七月壬午，第 5090 頁。
〔註85〕 李邦華：《文水李忠肅先生集》卷三《撫津荼言·催餉疏》，第 144～146 頁。
〔註86〕 張瀚：《皇明疏議輯略》卷一五《漕運·國朝運法議》，《續修四庫全書》第 462 冊，上海：上海古籍出版社，2002 年，第 738 頁。
〔註87〕 沈銳、章過：（道光）《薊州志》卷三《建置志·陵糈始末》，第 48 頁。
〔註88〕 謝純：《漕運通志》卷八《漕例略》，第 141 頁。
〔註89〕 《明英宗實錄》卷二九八，天順二年十二月己巳，第 6336～6337 頁。
〔註90〕 《明英宗實錄》卷二九二，天順二年六月丁卯，第 6239 頁。

這年十二月，經過勘察，都督僉事宗勝、監察御史李敏認爲閔恭的建議可行，天順三年春興工挑濬，河寬五丈，深一丈五尺，這就是新河〔註91〕。新河開通後，薊運糧改由薊運河、新河運輸，不再遭受海上不測之險。

明代中期，坐派於山東、河南的薊運糧部分改折徵銀，每年四、五月間銀、米一併解納，本色由監兌主事督運，所以能及期而至，而折色則往往遲誤。因此，嘉靖九年六月，薊鎮管糧郎中康河建議詔行各巡撫嚴督所屬，每年七月內必須將折色銀兩悉數輸解，並責令以後所差遣的監兌主事無分本、折，一併督催起運。經戶部覆議後，康河的建議被採納〔註92〕。

根據《明經世文編》記載，隆慶時期戶部尚書馬森在奏疏中說，薊運糧原額每年30萬石，改撥天津倉6萬石，剩餘24萬石包括本色10萬石、折色14萬石〔註93〕。除此24萬石外，嘉靖二十九年庚戌之變後，又改撥漕糧12104石7斗充薊州班軍行糧。至隆慶時期，戶部尚書馬森認爲邊鎮班軍行糧應於客兵軍餉內支給，改撥漕糧仍應輸送京、通二倉〔註94〕。

六、其他地區協濟

在天津地區軍餉不敷的情況下，明代天津軍隊的軍餉往往會由其他地區來協濟，弘治十六年十月，天津等三衛倉所收糧米不足支給，而山東德州倉糧儲充裕，戶部建議將山東該坐德州倉糧內改撥三萬石於天津衛倉，每石徵銀六錢，官軍間月兼支，以四錢放出，積餘二錢作正支銷，戶部這個建議得到明孝宗採納〔註95〕。到嘉靖三年，天津軍糧不足，戶部主事張希尹奏請暫借山東歲輸德州倉備儲米三萬石，每石徵銀六錢，輸往天津供給軍餉，此議被採納、施行〔註96〕。萬曆五年六月，戶部奏：「臨、德二倉積貯糧米原係預備撥補額運漕糧四百萬石之數，近來額運不缺，向不支運，以致積久陳腐，宜將二倉糧米支放山東官軍月糧及德州、天津九衛運軍行糧，即將應撥行、月二糧照數抵納，出陳易新，候陳糧放盡，仍行照舊。」戶部的建議被明神宗採納，天津運軍的行糧即於臨清、德州二倉支放〔註97〕。

〔註91〕　《明英宗實錄》卷二九八，天順二年十二月己巳，第6336～6337頁。
〔註92〕　《明世宗實錄》卷一一四，嘉靖九年六月癸酉，第2707～2708頁。
〔註93〕　陳子龍：《明經世文編》卷二九八，馬森《明會計以預遠圖疏》，第3132頁。
〔註94〕　陳子龍：《明經世文編》卷二九八，馬森《明會計以預遠圖疏》，第3136頁。
〔註95〕　《明孝宗實錄》卷二○四，弘治十六年十月丁未，第3794頁。
〔註96〕　《明世宗實錄》卷三六，嘉靖三年二月己亥，第895～896頁。
〔註97〕　《明神宗實錄》卷六三，萬曆五年六月甲戌，第1410頁。

在軍餉不敷的情況下，明代薊州軍餉往往會由其他地區來協濟，嘉靖二十二年三月，朝廷發臨清倉折糧價銀 35000 兩於薊州，備客兵糧儲〔註98〕。嘉靖三十年十二月，運臨清倉寄囤米十三萬六千餘石於薊州〔註99〕。不僅山東地區會協濟天津、薊州軍餉，嘉靖四十三年閏二月還由南京倉儲協濟薊州軍餉，這年改南京倉米 30 萬石，每石折銀 8 錢，以 5 錢留南京，3 錢發薊鎮，充標兵月糧〔註100〕。

第二節　軍餉管理

在中央，明代萬曆三年之前，位於今天津地區的天津衛、天津左衛、天津右衛、武清衛、薊州衛、鎮朔衛、營州右屯衛的倉儲均由戶部雲南清吏司帶管〔註101〕。萬曆三年，天津衛、天津左衛、天津右衛、武清衛、薊州衛、鎮朔衛、營州右屯衛的倉儲改歸戶部福建清吏司帶管〔註102〕。

永樂十三年，罷海運，從裏河運糧，令天津衛官建蓋倉厫貯糧，於宣德間增置三倉，俱在天津道衙門西，其中天津衛大運倉六厫三十間，天津左衛大盈倉九厫四十五間，天津右衛廣備倉七厫三十五間〔註103〕。宣德十年，為加強漕糧的儲運管理，朝廷在天津設立戶部分司，負責漕糧的監督、收放和管理事宜，同時戶部分司還管理、監督天津軍餉〔註104〕。天津戶部分司通常設戶部主事一人，有時也會派戶部郎中、員外郎負責天津戶部分司事務，如天順元年解延年以戶部員外郎督理天津三衛軍儲〔註105〕，萬曆二十四年張汝蘊以戶部郎中出監天津倉〔註106〕。天啓三年九月，朝廷命戶部河南司員外郎王若之管天津倉〔註107〕。

〔註98〕　《明世宗實錄》卷二七二，嘉靖二十二年三月辛未，第 5358 頁。

〔註99〕　《明世宗實錄》卷三八〇，嘉靖三十年十二月癸未，第 6738 頁。

〔註100〕《明世宗實錄》卷五三一，嘉靖四十三年閏二月壬午，第 8651 頁。

〔註101〕申時行：（萬曆）《明會典》卷一四《戶部一・雲南清吏司》，第 89 頁。

〔註102〕申時行：（萬曆）《明會典》卷一四《戶部一・福建清吏司》，第 86 頁。

〔註103〕薛柱斗、高必大：《新校天津衛志》卷一《建置・倉厫》，第 56 頁.

〔註104〕高凌雯：《天津縣新志》卷一七之一《職官一》，第 499 頁。

〔註105〕李梅賓、吳廷華：（乾隆）《天津府志》卷二一《職官一・明》，第 317 頁；沈家本、徐宗亮：（光緒）《重修天津府志》卷三九《宦績一・歷朝・明》，第 1246 頁。

〔註106〕李梅賓、吳廷華：（乾隆）《天津府志》卷二一《職官一・明》，第 317 頁；冷烜、王鎮：（道光）《濟南府志》卷四九《人物五・明・章邱》，《中國地方志集成・山東府縣志輯》第 2 冊，上海：上海書店，1990 年，第 533～534 頁。

〔註107〕《明熹宗實錄》卷三八，天啓三年九月丙申，第 1951 頁。

　　根據《天津府志》所載明代天津戶部分司官員任職表，我們可以發現自宣德十年設置之初至正統十二年，除李頤僅於正統六年短暫任職外，天津戶部分司其他官員的任期均為三年。自正統十二年徐昌開始，天津戶部分司官員的正常任期開始變為一年〔註108〕。萬年八年五月，經戶部奏請，天津等處戶部主事任期以三年為限，久任以便責成〔註109〕。此後天津戶部分司官員的任期開始延長，石昆玉於萬曆十二年就任，萬曆十四年離任。繼任的鄭札於萬曆十四年就任，萬曆十七年離任。鄭札之後，天津戶部分司多位元官員的任期為三年，這樣天津戶部分司官員的任職時間又逐步恢復為設置之初的三年〔註110〕。

　　天順時期，薊州也設置戶部分司，設郎中一人，管理薊州、永平、山海等處糧草、屯種事宜〔註111〕。戶部郎中、主事任期三年，三年考滿後，吏部另推更替〔註112〕。關於戶部分司郎中的職權，《四鎮三關志》收錄有高世雨受命就任薊州戶部分司郎中的敕書，「今命爾總理薊州等處糧儲，兼管屯種，分屬馬、太二區，督同該道隨宜召買糧草，修置倉場，收貯、督徵附近州縣衛所民屯錢糧，稽察奸弊，凡一應興革事宜，爾會同巡撫官計議修舉，官吏人等但有侵欺盜賣及私役買閒等項通同作弊者，爾即拿送所在官司問理，應奏請者照例施行」〔註113〕。由這個敕書，我們可以薊州戶部分司官員的職責包括召買糧草、修置倉場、兼管屯種，督徵附近州縣、衛所民屯錢糧，在糧餉管理上分司官員與巡撫官計議而行，並具有將營私舞弊官員拿送官司的權利。成化十年八月，由於薊州倉糧頗多，添設判官一員監督倉糧的收放〔註114〕。

　　為管理軍餉錢糧，萬曆二十五年十二月，由天津巡撫萬世德奏請，天津設立了軍儲同知一職〔註115〕。軍儲同知專管軍儲，為天津巡撫的屬官。軍儲

〔註108〕李梅賓、吳廷華：(乾隆)《天津府志》卷二一《職官一‧明》，第 317～319 頁。
〔註109〕《明神宗實錄》卷一〇〇，萬曆八年五月己卯，第 1985 頁。
〔註110〕李梅賓、吳廷華：(乾隆)《天津府志》卷二一《職官一‧明》，第 317～319 頁。
〔註111〕《明英宗實錄》卷三一六，天順四年六月己未，第 6600 頁。
〔註112〕《明世宗實錄》卷九，正德十六年十二月乙未，第 342 頁。
〔註113〕劉效祖：《四鎮三關志》卷七《制疏考‧敕薊州糧儲戶部郎中高世雨》，第 232～233 頁。
〔註114〕《明憲宗實錄》卷一三二，成化十年八月辛亥，第 2500 頁。
〔註115〕《明神宗實錄》卷三一七，萬曆二十五年十二月辛未，第 5906 頁。

同知主管錢糧冊籍，按月稽核。至援朝禦倭戰爭結束後，沿海一線開始撤兵減餉，天津軍儲同知也面臨裁革。汪應蛟在《酌議海防未盡事宜疏》中建議，將軍儲同知所管錢糧事務歸由天津清軍同知管理，其所領軍儲關防上繳朝廷。現任軍儲同知劉道自萬曆二十六年二月內到任，適值清軍同如員缺，所以兵馬、器械、造船、運餉等事項均由劉道一身兼任，夙夜勤勞，鞠躬盡瘁。為酬勞勸而彰激勸，汪應蛟查得保定府紫荊關通判見今員缺，奏請將劉道就近調補，以同知管通判事〔註116〕。天啟六年二月，增設天津管理清軍海防兼管兵糧同知一員〔註117〕。

為加強對軍餉的監督，明代常命都御史、僉都御史於薊州等處提督軍餉。景泰六年三月，明代宗敕令提督山海等關右副都御史李賓提督薊州等處軍餉，「務令收放明白，儲積不誤，毋容勢要之家並刁潑軍民人等通同作弊，虧損錢糧，有誤供給，違者聽爾究問」〔註118〕。嘉靖二十九年九月，朝廷改提督操江南京都察院右僉都御史李遂為都察院右僉都御史，專督薊鎮主、客兵糧〔註119〕。嘉靖三十年十一月，朝廷命戶部右侍郎馬坤兼都察院右僉都御史，督理薊州等處糧餉〔註120〕。嘉靖四十年十月，都察院右僉都御史霍冀升為戶部右侍郎，兼都察院右僉都御史，總理宣大、薊鎮糧餉〔註121〕。戶部右侍郎兼僉都御史之銜，既熟悉軍餉事務，又便於彈壓地方，可見這時朝廷對軍餉的監督、管理愈加重視。

作為地方最高軍事領導，薊遼總督對薊州軍餉有著明確的管轄權。嘉靖四十一年正月，工科給事中鄧棟奉詔查理薊鎮軍需時，認為原任薊遼總督許論於軍餉調度頗有失策，當時許論已經閒住，免於追議〔註122〕。隆慶二年三月，譚綸升任兵部部左侍郎兼都察院右僉都御史，總督薊、遼、保定等處軍務，兼理糧餉〔註123〕。萬曆九年四月，明神宗命右都御史管兵部左侍郎事吳兌以原官總督薊遼保定軍務，兼理糧餉〔註124〕。

〔註116〕汪應蛟：《海防奏疏》卷二《酌議海防未盡事宜疏》，第407～408頁。
〔註117〕《明熹宗實錄》卷六八，天啟六年二月丙戌，第3241～3242頁。
〔註118〕《明英宗實錄》卷二五一，景泰六年三月丁巳，第5431～5432頁。
〔註119〕《明世宗實錄》卷三六五，嘉靖二十九年九月丙午，第6528～6529頁。
〔註120〕《明世宗實錄》卷三七九，嘉靖三十年十一月甲辰，第6729頁。
〔註121〕《明世宗實錄》卷五〇二，嘉靖四十年十月癸酉，第8304頁。
〔註122〕《明世宗實錄》卷五〇五，嘉靖四十一年正月庚戌，第8337頁。
〔註123〕《明穆宗實錄》卷一八，隆慶二年三月丙寅，第515頁。
〔註124〕《明神宗實錄》卷一一一，萬曆九年四月辛亥，第2129頁。

　　巡撫對軍餉具有監督、管理之權，成化十五年九月，戶部在會議漕運、糧餉事宜時，指出「薊州等倉收受糧料，近年通同收買，為弊甚多，宜行巡撫、巡按及管糧官收買五石以上者重置於法，仍將原買糧盡沒於官」〔註125〕。由此可見，順天巡撫對薊州軍餉具有監督的權利。天津巡撫對天津軍餉也具有管轄權，崇禎三年三月，天津巡撫翟鳳狲清釐天津營伍兵餉，條奏定經制、嚴勾補、勤操練、清糧餉、設將領、議廩餼、製器械、簡家丁等八事〔註126〕。

　　明代，兵備道也參與軍餉管理事務，嘉靖三十七年五月，經御史萬民英奏請，明世宗下詔兩淮、長蘆殘鹽仍派薊鎮上納本色，各處倉場召買糧草，主兵糧餉由管糧郎中管理，客兵糧餉由兵備道管理，各先期給票，商人照數買完，方得領價〔註127〕。嘉靖三十八年正月，杳理邊儲戶科右給事中魏文古等劾奏邊臣侵冒不職狀，其中薊州兵備副使伊介夫被奪俸三月〔註128〕。嘉靖四十年十一月，總理薊鎮、宣大糧餉戶部右侍郎霍冀建言，「邊糧屬部官專理，軍衛、有司素非統轄，人情玩愒，宜通行督、撫發銀，各兵備道督衛所、州縣正官給商收買為便」〔註129〕。嘉靖四十一年二月，查理薊鎮軍餉工科給事中鄧棟建言，薊州客兵糧餉由兵備道管理，主兵糧餉由戶部郎中管理，各有職責，以防侵冒，這個建議被明世宗採納〔註130〕，這是對嘉靖三十七年五月相關規定的重申。

　　關於總督、巡撫、兵備道、戶部郎中的權利、職責，嘉靖四十一年十二月，薊遼總督楊選建言，「順天撫臣職理兵馬、糧餉，而薊鎮之餉撫臣咸不得聞，自今宜以主兵糧餉責之管糧郎中，收放客兵糧餉責之兵備道，召買稽之郎中，其每月出入之數悉令該庫官揭報巡撫，年終主兵會計，郎中、巡撫同疏，客兵會計，巡撫、總督同疏，遇有贏縮，協心計處，查盤之際，彼此磨勘，仍於巡撫敕書添載催徵屯糧事宜，令與屯田御史會同督理」，這個主張被採納、施行〔註131〕。

　　薊州知州對薊州倉儲管理也有一定的參與，成化十三年四月，兵科給事中

〔註125〕《明憲宗實錄》卷一九四，成化十五年九月辛未，第3428頁。
〔註126〕《崇禎長編》卷四四，崇禎三年三月乙酉，第2632頁。
〔註127〕《明世宗實錄》卷四五九，嘉靖三十七年五月壬子，第7760頁。
〔註128〕《明世宗實錄》卷四六八，嘉靖三十八年正月癸酉朔，第7873～7874頁。
〔註129〕《明世宗實錄》卷五○三，嘉靖四十年十一月甲寅，第8317～8318頁。
〔註130〕《明世宗實錄》卷五○六，嘉靖四十一年二月癸酉，第8348頁。
〔註131〕《明世宗實錄》卷五一六，嘉靖四十一年十二月壬戌，第8473～8474頁。

李謙、監察御史婁謙查盤薊州倉儲糧餉時，即發現薊州去任知州徐晟、見任知州汪溥存在舞弊、營私問題，李謙、婁謙請求將徐晟、汪溥二人治罪〔註132〕。隆慶三年，薊州請求設立管糧通判一員，兵備副使孟重、巡撫都御史劉應節均認爲薊州戶部分司郎中管轄馬蘭、太平、松棚三路沿邊14倉，每年本、折錢糧不下四五十萬，道里延長，公文煩瑣，因此設立薊州管糧通判一員勢在必行〔註133〕。

軍餉收支歷來弊竇叢生，爲對軍儲進行監管，朝廷常派出巡按御史，對各處軍餉進行也有監督、管理。弘治三年七月，戶科給事中鄭宗仁建議，「薊州管糧郎中每秋成時稽考永平、山海等處邊關營寨所積糧數，會巡關御史平價糴補」〔註134〕。戶部分司郎中須會同巡按御史糴補糧儲，可見巡按御史對軍餉管理具有參與權。嘉靖四十五年閏十月，明世宗下詔，「自今各邊糧餉，行巡按御史每歲一查，仍會同管糧郎中互相稽考，著爲令」〔註135〕。

自正統時期，朝廷派遣通政司右參議監督薊州等處軍餉。正統十三年正月，因薊州林南等倉收支糧草作弊，侵欺者多，明英宗命通政司右參議鄒來學前往整頓，「如有奸頑怙終不改者，拘問懲治，爾宜廉潔公勤，凡事從宜區畫，務使軍民利便，糧餉充盈」〔註136〕。弘治十八年，總督居庸關等處糧草通政使司右參議熊偉奏請，將薊州衛弘治十六年之前所欠屯糧每石折銀四錢，以從輕省，薊運糧每年五萬石改折徵銀，使邊軍、運軍各得其便。戶部議覆後，熊偉的建議被明孝宗採納〔註137〕。

成化時期開始，開始派遣給事中、監察御史二員往各處監督軍餉，通政司參議不再派遣。成化十三年正月，朝廷派遣多名給事中、監察御史監督各邊糧餉，其中兵科給事中李謙、監察御史婁謙往薊州盤查軍餉〔註138〕。嘉靖十五年五月，朝廷又派給事中黃光昇、監察御史朱箎往薊遼、永平核查軍餉〔註139〕，之後給事中、監察御史核查軍餉形成制度，所派給事中包括戶科、兵

〔註132〕《明憲宗實錄》卷一六五，成化十三年四月丁巳，第2992頁。

〔註133〕劉效祖：《四鎮三關志》卷七《制疏考・巡撫都御史劉應節請增薊州管糧通判疏略》，第315頁。

〔註134〕《明孝宗實錄》卷四○，弘治三年七月壬子，第829頁。

〔註135〕《明世宗實錄》卷五六四，嘉靖四十五年閏十月庚戌，第9045頁。

〔註136〕《明英宗實錄》卷一六二，正統十三年正月庚子，第3145頁。

〔註137〕《明孝宗實錄》卷二二二，弘治十八年三月庚戌，第4204頁。

〔註138〕《明憲宗實錄》卷一六一，成化十三年正月己巳，第2953～2954頁。

〔註139〕《明世宗實錄》卷一八七，嘉靖十五年五月甲子，第3956頁。

科、工科、禮科等各科。給事中和監察御史作爲朝廷耳目、風紀之官，在督查軍餉時頗有雷厲風行之勢，上至總督、巡撫、兵備道，下至州縣官員、戶部管糧官，均受到給事中和監察御史的核查。成化十三年四月，薊州巡撫都御史閻本、通政司右參議李寬、薊州去任知州徐晟、見任知州汪溥等先後參與薊州糧餉管理的官員，均受到兵科給事中李謙、監察御史婁謙彈劾〔註140〕。嘉靖三十八年正月，查理邊儲戶科右給事中魏文吉等劾奏邊臣侵冒不職狀，其中原任薊州巡撫僉都御史馬九德被革職閒住〔註141〕。

　　除以上各官外，明代鎮守、分守內臣對軍餉也有很大的管轄權。崇禎四年九月，明思宗命內臣王應朝、鄧希詔等監視關寧、薊鎮兵糧及各邊撫賞〔註142〕。崇禎九年七月，明思宗命司禮太監盧維寧總督天津、通州、臨清、德州等處兵馬、糧餉。御史金光辰苦諫無果，被鐫三級調外〔註143〕。

　　萬曆時期，戶部尚書楊俊民對軍餉管理之弊有深入分析，「將領既多朦朧，該道又不查點，惟巡按閱操，始雇覓應點事，已則虛冒如故，兵有定額，官有常祿，而廩給、紙札、心紅、油燭與贊畫、書記之類則無定制，將領利其折乾而多開，該道重其體面而容隱，雖督撫明知，亦多姑息，此弊所從來遠矣，其財安得而不耗乎」〔註144〕。崇禎元年正月，戶部尚書郭允厚指出，天津軍餉由天津道府餉司管理，由於委任非人，以致入私橐甚易，濟實用則無，因此郭允厚請命所司嚴行禁止〔註145〕。

第三節　軍餉發放

一、軍餉發放標準

（一）軍士

　　關於軍士的月糧支放標準，《明史》記載，「凡各衛調至京操備軍兼工作

〔註140〕《明憲宗實錄》卷一六五，成化十三年四月丁巳，第 2992 頁。
〔註141〕《明世宗實錄》卷四六八，嘉靖三十八年正月癸酉朔，第 7873～7874 頁。
〔註142〕張廷玉：《明史》卷二三《莊烈帝本紀一》，第 313 頁。
〔註143〕張廷玉：《明史》卷二五四《金光辰傳》，第 6569～6570 頁。
〔註144〕陳子龍：《明經世文編》卷三八九，楊俊民《邊餉漸增供億難繼酌長策以圖治安疏》，第 4206 頁。
〔註145〕《崇禎實錄》卷一，崇禎元年正月壬申，第 4 頁。

者，米五斗，其後增損不一」〔註146〕。自永樂時期薊州衛軍士即於朝陽門外大木廠看守木料，每人月支口糧四斗，後例減一斗。至正統四年十一月，由於軍夫不足食用，所以軍士每月口糧又恢復爲四斗〔註147〕。天順元年五月，刑部右侍郎周瑄在奏疏中說，天津、武清等衛軍士月糧舊例爲本色六斗、折色四斗〔註148〕，由此可知本、折合計，天津三衛、武清衛軍士的月糧爲每月一石。薊州操備軍士月糧本爲每月八斗，正德三年三月，鎮守太監王宏認爲軍士戍守勞苦，請求將月糧增爲每月一石，被採納施行〔註149〕。《明世宗實錄》記載，軍士月糧每月一石，哨探之軍每月二石〔註150〕。萬曆二十年，倭警震鄰，天津新募海防兵 3000 名，每人月餉 1 兩；力士 500 名，每人月餉 1 兩 5 錢〔註151〕。李邦華在《撫津茶言》中說，天津地方「故事每兵月給米五斗，至七月無餉，勉加一石」〔註152〕。

關於行糧的給發標準，弘治二年奏准，「沿邊各衛所徵哨並按伏備堡等項官軍，出百里之外者，俱日支口糧一升五合，都指揮與把總等官日支廩米三升，備禦官軍日支行糧一升七合，馬日支料三升、草一束，在營草料住支。如在百里之內起關，濫支廩米、行糧、口糧者，聽巡撫、巡按官參奏」〔註153〕。由此可知，出邊百里以外才支給行糧，然而也有變通的時候，如嘉靖十三年三月，規定太平寨等處官軍出邊 90 里者，也支給行糧〔註154〕。總體來說，出邊百里以外支給行糧，這一標準大體得以執行。嘉靖二十一年閏五月，順天巡撫侯綸、薊州總兵祝雄奏請，薊鎮按伏兵馬，不分百里內外，驗日支給行糧、料草。戶部認爲非百里之外不得支給行糧，遂將侯綸、祝雄的奏請駁回〔註155〕。嘉靖三十二年，再次議准「三關鎮、把總等官及跟官旗牌，務遵弘治二年例，如遇徵調出百里之外，把總若係都指揮，支廩米三升，領軍頭

〔註146〕張廷玉：《明史》卷八二《食貨六・俸餉》，第 2004 頁。
〔註147〕《明英宗實錄》卷六一，正統四年十一月戊午，第 1162 頁。
〔註148〕《明英宗實錄》卷二七八，天順元年五月癸酉，第 5946 頁。
〔註149〕《明武宗實錄》卷三六，正德三年三月戊申，第 860 頁。
〔註150〕《明世宗實錄》卷五〇一，嘉靖四十年九月甲寅，第 8295 頁。
〔註151〕陳子龍：《明經世文編》卷三八九，楊俊民《邊餉漸增供億難繼酌長策以圖治安疏》，第 4215 頁。
〔註152〕李邦華：《文水李忠肅先生集》卷三《撫津茶言・催餉疏》，第 146 頁。
〔註153〕申時行：（萬曆）《明會典》卷三九《戶部二十六・廩祿二・行糧馬草》，第 282 頁。
〔註154〕《明世宗實錄》卷一六一，嘉靖十三年三月丙子，第 3588 頁。
〔註155〕《明世宗實錄》卷二六二，嘉靖二十一年閏五月甲寅，第 5206～5207 頁。

目不分指揮、千百戶並旗牌官，日支行糧一升五合，事寧截日住支」〔註156〕。之後又出現百里以外全支、五十里外半支的規定，嘉靖四十年十二月，總理薊鎮、宣大糧餉戶部右侍郎霍冀說，「舊例行糧限以地里遠近，有全支、半支之分，惟薊鎮則不論百里內外全支，殊於邊儲有損」〔註157〕。至嘉靖四十三年十一月，朝廷命「各邊行糧悉如薊鎮所定則例，百里外全支，五十里半支」〔註158〕，可見這時薊州已改為百里外全支，五十里半支。《四鎮三關志》記載了行糧的支給標準，「各標營路主兵例得兼食者，每名四斗五升，各營路家丁每名支十二個月，各營調操勇壯每名兩防支八個月，赴邊軍兩防支四個月，各路塘撥軍每名兩防支八個月，家兵、新奇兵減半支給，在營支折色，遇調遣照百里內外全半，本折間支，客兵每名月支四斗五升，俱本折間支。延綏十個月，大同、宣府、遼東、河南、山東俱八個月。南兵將官每員日支粳米五升，折銀一錢，中軍千總日支工食銀一錢，把總銀七分，百總、旗總、隊總、兵士銀五分，內管臺百總兩防八個月，每日加銀一分，撤防住支」〔註159〕。「河南、山東二營前赴山海，俱每名加鹽菜銀五錢。今雖道里稍近，亦宜量加三錢以示鼓舞，總計所費不滿三千，似亦未可靳也」〔註160〕

根據《吳文恪公文集》記載，萬曆二十年七月，直隸巡按御史劉士忠在奏疏中說天津調到官軍23000餘名，日費行糧折銀460兩〔註161〕。以23000名計算，每名軍士每日的行糧折銀二分。再對照《明神宗實錄》的相關記載，為休養軍力，節約軍餉，劉士忠奏請將23000名軍士精選5000名，餘眾歸保定、河間操練，每日所省行糧折銀360兩〔註162〕。裁汰18000名軍士，節省白銀360兩，每名軍士每日所省行糧應當折銀二分，這與前面所計算每名軍士每日的行糧折銀二分完全相符，說明《吳文恪公文集》和《明神宗實錄》中有關軍士、糧餉數目的記載當基本正確。

繼續查閱《明神宗實錄》中的記載，還可以發現，萬曆二十六年二月，戶部題稱，「今防倭戒嚴，餉宜從厚，防海標兵除每名月糧八斗、行糧四斗五

〔註156〕申時行：（萬曆）《明會典》卷三九《戶部二十六・廩祿二》，第282頁。
〔註157〕《明世宗實錄》卷五〇四，嘉靖四十年十二月甲申，第8331頁。
〔註158〕《明世宗實錄》卷五四〇，嘉靖四十三年十一月壬寅，第8738頁。
〔註159〕劉效祖：《四鎮三關志》卷六《經略考・薊鎮經略》，第191頁。
〔註160〕畢自嚴：《餉撫疏草》卷一《津兵調發無餉疏》，第15頁。
〔註161〕吳道南：《吳文恪公文集》卷一八《明嘉議大夫南京大理寺卿華石劉公墓表》，第565頁。
〔註162〕《明神宗實錄》卷二五〇，萬曆二十年七月壬戌，第4650頁。

升外，加給月餉銀一錢三分，守城軍除支月糧八斗外，加給行糧四斗五升。巡撫標下馬、步二兵原給月餉已厚，今再每名月加行糧四斗五升。各府快、壯團操即戎，乃其分內且原有額派工食，今每名歲給鹽菜銀一兩」。標兵、快壯所增銀兩俱於運司新增充餉引價三萬兩內動給，而本色行糧則於赴天津倉關支，明神宗允准了這一題請〔註163〕。

汪應蛟《酌議海防未盡事宜疏》記載了天津海防水、陸二營和天津春、秋兩班營的軍餉數目。根據汪應蛟的記述，「水、陸二營以今議兵數會計，月餉歲該銀七萬一千餘兩」，這是海防水、陸二營的月餉數目。畢自嚴在《防兵盡改屯兵海濱單虛可慮疏》中對海防營兵丁的月餉有詳細記述，「先年設水、陸二營共五千人，其後倭平撤去，僅存一營，共二千五百人，內水兵用南人一千五百名，每名月餉一兩五錢，每歲約該餉銀十八兩；陸兵用北人一千名，每名月餉一兩，遇汛量加行糧稻穀，每歲約該餉銀十三兩」〔註164〕。天津春、秋兩班營的行餉數目則為，「天津左、右二營額餉甚薄，而邊、海遞防甚苦，其行餉除本色外，照近議每名月支銀一錢三分，歲該銀四千六百八十餘兩。水、陸二營汛期出海哨探及分布信地，舊例有本、折行餉，以今議兵數計之，該銀七千六百餘兩」〔註165〕。「十一二月並正月餉銀，每月銀二萬一千兩」〔註166〕

關於軍餉的發放程序，嘉靖四十三年七月，規定官軍支糧，先行兵備道按籍開數，然後送管糧郎中給發〔註167〕。天津巡撫汪應蛟在《酌議海防未盡事宜疏》中稱，「各營領用前銀，按月備造冊領，先赴軍儲同知查核明實，送道覆查，方准掛號，赴餉司支給，並無重冒情弊，並將收支過各項數目、官兵花名，備造文冊，呈報到臣」〔註168〕。由此可見，各營支領軍餉時，按月造冊，先赴軍儲同知核查，再送天津兵備道處覆查，之後才能掛號，赴餉司處支領軍餉，之後餉司將軍餉收支各項數目和官兵姓名詳細造成文冊，報送天津巡撫，其管理程序可謂嚴密。

根據明實錄記載，宣德時期薊州等衛所官軍俸糧已開始本、折兼支，在明代早期折色多為各種實物，而非銀兩。宣德十年九月行在戶部建言將薊

〔註163〕《明神宗實錄》卷三一九，萬曆二十六年二月丙子，第5943～5944頁。
〔註164〕畢自嚴：《餉撫疏草》卷一《防兵盡改屯兵海濱單虛可慮疏》，第48頁。
〔註165〕汪應蛟：《海防奏疏》卷二《酌議海防未盡事宜疏》，第409頁。
〔註166〕畢自嚴《餉撫疏草》卷一《津兵調發無餉疏》，第15頁。
〔註167〕《明世宗實錄》卷五三六，嘉靖四十三年七月庚申，第8704～8705頁。
〔註168〕汪應蛟：《撫畿奏疏》卷四《海防軍務方殷重地兵食俱匱疏》，第449頁。

州、永平等處上納京庫綿布，量運五萬匹赴薊州收貯，折作官軍俸糧，以免來年海運之勞，得到明英宗的允准〔註169〕。同年十二月，行在戶部再次奏言，「薊州等衛所官軍俸糧除本色按月關支，餘米折鈔俱在船料鈔內支給，恐有不敷，宜將蘇木、胡椒與鈔兼支」，再次得到明英宗的允准〔註170〕。景泰七年八月，由於薊州倉棉花積多，經巡撫永平等處右副都御史李賓奏請，將棉花發給薊州等衛所及沿邊操守官軍，准做月餉，每米1斗折棉花14兩〔註171〕。天津三衛、武清衛軍士月糧舊例本色六斗、折色四斗，至景泰時期又將本色內一斗折支蘆葦，導致軍士食用不敷。天順元年五月，經刑部右侍郎周瑄奏請，天津三衛、武清衛軍士月糧仍恢復為本色六斗、折色四斗〔註172〕。至明中期後，白銀流通逐漸廣泛，天津地區軍餉也開始折銀支給。弘治二年十月，經戶部奏請，薊州邊軍月糧該折銀者，每米一石暫定折銀三錢五分，不為例〔註173〕。之後，薊州官軍俸糧的折支標準降為每米一石折銀三錢，弘治八年四月，青黃不接，米價騰貴，薊州總兵、巡撫等官奏請依照密雲之例，每米一石給銀五錢，俟秋成仍舊，得到明孝宗允准〔註174〕。由於米、銀折支標準過低，由此導致軍士食用不足，生存困難，正如嘉靖時期兵部尚書李承勳所言，「半歲米石值銀一兩，而官散折銀六錢，是官軍每月止得米六斗，軍何得不貧？」〔註175〕

　　嘉靖九年六月，薊鎮管糧郎中康河在奏疏中說，舊制薊州軍餉每年上半年給本色，下半年給折色，折色每石折銀四錢五分。後因本色不足，經戶部會議，該支本色月分如遇無糧，則每石折銀六錢五分，其折色月分仍舊。至嘉靖時期，由於各處解運遲緩，上半年應放本色而倉無儲粟，則增銀以放折色，下半年該支折色卻庫無儲鏹，反將本色糧米一石止抵銀四錢五分放支〔註176〕。隆慶五年四月，經御史傅孟春建議，各鎮米石折銀標準定為每米一石折銀七錢〔註177〕。萬曆元年五月，戶部尚書王國光會同兵部議覆，各路月糧上半年本色以地里

〔註169〕《明英宗實錄》卷九，宣德十年九月辛巳，第173頁。
〔註170〕《明英宗實錄》卷一二，宣德十年十二月丁巳，第224頁。
〔註171〕《明英宗實錄》卷二六九，景泰七年八月壬寅，第5698頁。
〔註172〕《明英宗實錄》卷二七八，天順元年五月癸酉，第5946頁。
〔註173〕《明孝宗實錄》卷三一，弘治二年十月庚戌，第708頁。
〔註174〕《明孝宗實錄》卷九九，弘治八年四月癸酉，第1821頁。
〔註175〕《明世宗實錄》卷一二二，嘉靖十年二月丙子，第2926～2927頁。
〔註176〕《明世宗實錄》卷一一四，嘉靖九年六月癸酉，第2707～2708頁。
〔註177〕《明穆宗實錄》卷五六，隆慶五年四月乙未，第1381～1382頁。

遠近分別多寡，下半年折色因本色難易酌量定價〔註178〕。《明神宗實錄》記載，天津倉支放折色軍糧，向來每石四錢〔註179〕。

天啓二年九月，戶部尚書汪應蛟認爲薊鎮「舊軍額餉原薄，昔用之乘障守望，今責之操戈待戰，新營之募餉獨厚，舊營之額餉不加，勞苦同而肥瘠異，人情似不能堪，即云舊軍自安故土，與新兵捐妻子、去鄉井者有間，亦須量加優恤以鼓其敵慨之氣，毋令有向隅之悲」，擬定薊鎮雙糧軍士 12755 名，上半年每月支銀 1 兩 4 錢，下半年原糧銀 9 錢，今量加 2 錢，定以 1 兩 1 錢；單糧 58259 名，內除山海路 1544 名外，其餘 56712 名，上半年原糧 7 錢，今量加 2 錢，定以 9 錢，下半年原糧銀 4 錢 5 分，今量加 2 錢 5 分，定以 7 錢〔註180〕。

天啓三年，監督天津糧儲戶部員外郎王若之稱，新餉向因本倉收貯截漕粳米，每月支給漕米五斗，本折兼支，用銀還少。自閏十月，粳米盡絕，以後新餉全支折色，比照往日用銀便多見今十一月十二月分共該餉銀四萬二千餘兩。」〔註181〕

崇禎二年十一月，經戶部尚書畢自嚴建議，薊州應援步軍每日支米一升五合、鹽菜銀三分，應援馬軍每日支米一升五合、鹽菜銀三分，單日支折草、豆銀三分六釐，雙日支草一束、豆三升〔註182〕。

天津巡撫畢自嚴曾說：「屢次發兵，俱有預支兩、三月月餉之例。」〔註183〕在部隊調防外地時，會提前預支軍餉，以資沿途裹饌之費，並充抵邊即次之需。如天啓三年調山東營兵馬前往山海關，預支津餉兩個月〔註184〕。

（二）軍官

關於軍官的軍餉支給，萬曆元年五月，戶部尚書王國光會同兵部議覆，「薊鎮總兵官及掾史仍舊驛支，昌平總兵官及掾史頂支關稅，其餘副總兵以下一體改支軍餉，主客將官自總兵官、各領班都司、各路守備俱支粳米，提調支粟米」〔註185〕。《四鎮三關志》也有這樣的記載，且更加詳細，「各將官廩糧

〔註178〕《明神宗實錄》卷一三，萬曆元年五月戊戌，第 426～431 頁。
〔註179〕《明神宗實錄》卷二八四，萬曆二十三年四月壬申，第 5270～5271 頁。
〔註180〕汪應蛟：《計部奏疏》卷三《陵京重地疏》，第 593～594 頁。
〔註181〕畢自嚴：《餉撫疏草》卷一《津兵調發無餉疏》，第 13～14 頁。
〔註182〕畢自嚴：《度支奏議》堂稿卷八《薊鎮援兵本色甚急疏》，第 334 頁。
〔註183〕畢自嚴：《餉撫疏草》卷一《防兵已發重鎮頓空疏》，第 17 頁。
〔註184〕畢自嚴：《餉撫疏草》卷一《津兵調發無餉疏》，第 14 頁。
〔註185〕《明神宗實錄》卷一三，萬曆元年五月戊戌，第 426～431 頁。

內除總兵官一員及員下掾史一名例應驛支，其餘俱改支客餉，主、客各營副總、參、遊、都司、坐營各城路守備，每員日支粳米五升，俱折色，每升折銀二分。各路提調每員日支粟米五升，俱折色，每升折銀七釐。內提調加守備銜者，即於扣餘銀內照守備支給，各營路坐營中軍、千把總及塘官每員日支粟米三升，守關寨官每員日支粟米一升五合，俱支折色，在密雲每升折銀七釐，在薊州、永平俱六釐二毫一絲、入衛中軍、千把總各日支廩糧三升，管隊官二升，粳粟間支，粳米折色，每升折銀二分，粟支本色。軍門撫院鎮府等標下聽用將官、旗牌、雜委、答應等官生每員月支粟米九斗，俱折色，折價與上同。官軍月糧，武舉及名色把總標下教師、各營路尖夜、奇兵俱正糧一石、幫糧一石，每名月支粟米二石。夜不收每名月支粟米一石。幫糧三斗。傳烽守墩軍每名月支粟米一石，兩防共四個月，每月支幫糧二斗，撤防住支。家丁、塘撥、調操、尖勇、奇兵、操守等軍每名月支粟米一石，幼軍五斗。上半年薊州、遵化、三屯各標營，松棚、太平二路各支本色一個月、折色五個月，馬蘭路本色四個月、折色二個月，密雲俱本色四個月、折色二個月，永平俱本色二個月、折色四個月，每石各折銀七錢，下半年俱折色，每石折銀四錢五分」〔註186〕。

二、賞賜

對於明代官軍而言，除了正常的餉銀外，還會有賞賜的收入。賞賜多用於軍功，但並不限於此，有時在軍隊出征之前為鼓舞士氣，也會進行賞賜。其他如皇帝即位、將士勞苦、倉儲充足等情況下，也會對將士進行賞賜，茲將史書中所見明代天津駐軍受賞賜的情況製成下表。

表 6-5　明代天津駐軍受賞概況

時間	受賞人員	賞賜物資	受賞原因	資料來源
洪武二十一年三月	薊州衛官軍	鈔：指揮 10 錠、千戶 8 錠、軍士 5 錠。	不詳	《明太祖實錄》卷一八九，洪武二十一年三月辛丑。
洪武二十一年五月	薊州衛官軍	鈔、棉布、棉花	不詳	《明太祖實錄》卷一九〇，洪武二十一年五月戊子。

〔註186〕劉效祖：《四鎮三關志》卷六《經略考‧薊鎮經略》，第 190～191 頁。

宣德十年八月	薊州衛官軍	不詳	遼東操備	《明英宗實錄》卷八，宣德十年八月己酉。
正統十四年七月	薊州軍士	每人銀一兩	不詳	《明英宗實錄》卷一八〇，正統十四年秋七月庚辰。
成化十一年四月	薊州衛軍士	銀、絹、布	延綏軍功	《明憲宗實錄》卷一四〇，成化十一年四月壬辰。
成化二十三年十月	薊州軍士	每人銀二兩	明孝宗即位	《明孝宗實錄》卷五，成化二十三年十月癸巳。
正德十六年六月	薊州軍士	每人銀二兩	明世宗即位	《明世宗實錄》卷三，正德十六年六月癸未。

由於明代北直隸順天府所轄薊州屬於薊鎮的一部分，朝廷除薊州各衛特別進行賞賜外，往往會根據需要對薊鎮官軍進行大範圍賞賜，所以史書中所載對薊鎮官軍進行賞賜的記載，我們難以確定是否包括薊州各衛官軍，因此不列入上表。

三、軍餉發放存在的問題

明代軍餉發放中存在著交叉、混亂現象，如營州右屯衛等軍衛官軍折俸於薊州支放，而月糧卻於通州倉支給，薊州募兵的月糧則於馬蘭等路關支。隆慶五年十月，御史余希周認爲這種這種形式「應役在此，支給在彼」，「彼此隔遠，積弊非一」，因此建議由各兵備道核實坐支，就近支給。經戶部覆議後，余希周的建議被採納施行〔註187〕。

明代軍士支糧時存在種種困難，戚繼光在《練兵實紀》中說，「其常川守臺，先曾用主軍，因月糧一石內供父母妻子之養，外備臺上月日之炊，每有饑餒而死者、棄臺而逃者，其存者往往私棄臺守，下臺措辦米糧，且妨身役，不得操練」〔註188〕。張居正也曾指出：「薊鎮軍糧有關支於一二百里之外者，士卒甚以爲苦，夫以數口之家仰給於一石之粟，支放不時，斗斛不足，而又使之候支於數百里之外，往返道路，顧倩負戴，費將誰出，是名雖一石，其實不過八九斗止矣。況近日又有撫賞、採柴等項名色頗出其中，如是欲士皆飽食，折衝禦侮，能乎？」〔註189〕

〔註187〕《明穆宗實錄》卷六二，隆慶五年十月壬子，第1508～1509頁。
〔註188〕戚繼光：《練兵實紀》卷六《車步騎營陣解下》，第867頁。
〔註189〕陳子龍：《明經世文編》卷三二六，張居正《與薊遼督撫》，第3483頁。

　　明代軍餉發放往往拖延時日，隆慶時期兵科都給事中張鹵在奏疏中說，「月糧之給貴於及時，行糧之給貴於濟事，今司月糧者株守故常，弗知變易，司行糧者泥關避拒，惟恐速得，不惟費出彌多，抑且人不知惠」，由此導致巨額軍餉並未取得應有效果〔註190〕。李邦華任天津巡撫時，戶部應發軍餉拖延數月未至，軍士貧甚，「各兵有僅夾衣單袴者，有餒病不能興者，有迫而脫逃以去者，甚則有不敢逃而自經以死者」〔註191〕。監督天津糧儲戶部員外郎王若之曾稱：「津兵向苦月餉不繼。」〔註192〕天啓三年，天津地方60名兵士劫餉30餘兩潛逃，李邦華得知後，派兵將這些兵士抓回，兵士們將所劫餉銀30餘兩全數交出。李邦華念這些兵士知守兵法，量行給賞，各兵環而泣曰：「不敢領賞，但求本等月餉。」〔註193〕由此可見，軍餉不足的情況下，天津兵士生存的艱難，如不是李邦華等善於撫恤，帶兵有方，必至釀成大患。

　　明代剋扣軍餉的現象比較嚴重，被剋扣的軍餉除了進入軍官的私囊，還有一部分被用於撫賞屬夷。《明世宗實錄》記載，「諸夷索賞數多，各關提調費無所出，乃私借募軍銀及剋減月糧給之」。薊遼總督許論認為這樣無異於剜肉補瘡，經許論奏求，明世宗命兵部每年發銀三萬兩作為薊鎮撫賞屬夷之用，不得重累貧軍〔註194〕。隆慶二年正月，順天巡撫劉應節在奏疏中說，「原發撫夷銀僅數十金耳，而費至數千，乃克軍糧以助之，軍糧不足，繼以樵採，樵採不足，繼以私家之銀，此撫夷難也」〔註195〕。由此可見，由於朝廷所發撫夷之費有限、夷族貪欲不止、邊將姑息縱容等原因，所以薊鎮兵丁的軍餉常被剋扣充做撫夷之費，成為兵丁窮困的重要原因。天啓二年九月，汪應蛟在奏疏中說薊州「雕鏤組繡之工飽而披堅執銳之士饑，債帥之囊橐充而窮卒之升斗乏，所從來久矣。自非大為振飭，盡剗弊規，雖增餉數十萬未必為三軍果腹，是在撫道諸臣加之意而已」。明熹宗因此下旨，「其將領占軍、扣餉諸弊，著撫道官嚴行禁革，並行巡關御史不時查參奏處」〔註196〕。

　　關於天啓時期天津軍隊的賞賜，天津巡撫李邦華說，「營房之勞來有賞，

〔註190〕陳子龍：《明經世文編》卷三六四，張鹵《獻愚忠以預飭防秋大計疏》，第3931頁。
〔註191〕李邦華：《文水李忠肅先生集》卷三《撫津荼言・催請兵餉疏》，第120頁。
〔註192〕畢自嚴：《餉撫疏草》卷一《津兵調發無餉疏》，第14頁。
〔註193〕李邦華：《文水李忠肅先生集》卷三《撫津荼言・催餉疏》，第145～146頁。
〔註194〕《明世宗實錄》卷四九二，嘉靖四十年正月己丑，第8180～8181頁。
〔註195〕《明穆宗實錄》卷一六，隆慶二年正月戊寅，第450～451頁。
〔註196〕汪應蛟：《計部奏疏》卷三《陵京重地疏》，第595頁。

比試之高等有賞，水兵之出海有賞，陸兵之赴關有賞，逃兵之捕獲有賞，鮮兵之監護有賞」。當時朝廷所發軍餉拮据，李邦華左支右吾，時惟仰屋，將自己月廩之餘、俸薪之入盡佐諸費之不給，而且四處稱貸〔註197〕。

　　由於軍餉發放存在諸多問題，明代後期軍餉往往不能按時、足額發放，所以因此導致的兵變時有發生。天啓七年五月後金進攻寧前、錦州，徵調天津標兵、振武營軍士支持遼東。起行之時，天津標兵、振武兩營軍士「結黨鼓譟，蜂擁部院，放炮吶喊，每兵勒要安家行糧三兩，晝則攫奪市人，夜則劫掠當鋪，地方居民不患奴孽而苦兵擾，閭閻飲恨，莫可誰何？未到關門，沿途星散，將及抵關，而奴事已退，顧倩應點之後未領月糧，悉入副將營官之橐矣」。畢自嚴爲此慨歎，「調兵一次即有一場買賣」〔註198〕。

〔註197〕李邦華：《文水李忠肅先生集》卷三《撫津荼言‧催請軍需疏》，第 141 頁。
〔註198〕畢自嚴：《度支奏議》新餉司卷三《題覆田錦衣條議餉運疏》，第 379 頁。

第七章　清代天津地區駐軍

第一節　清代對明代軍制的改革

一、衛所制度的變革

　　順治、康熙時期，天津地區仍保留明代的衛所建制，然而這些衛所所轄的部分軍士已脫離衛所，轉化為新建的綠營兵，而更多的軍士則仍留衛所之中，然而已不再是軍，實際身份已變為民。關於清代衛所的性質，清高宗有如下說明，「郡縣之外，復設衛、所，原以所轄多係軍籍。然在有漕之地，清軍督運，尚有所司，而各衛之無漕政者，本朝定制從無徵調諸役，則名雖軍而實即民，所理仍皆州縣之事」〔註1〕。根據清高宗所言，我們知道清代衛所從無徵調諸役，名雖為軍，實即為民，這時清代衛所的實際狀況。

　　順治九年六月，天津左衛、天津右衛並於天津衛，三個軍衛合而為一。同時，位於薊州的鎮朔衛、營州右屯衛也被並於薊州衛〔註2〕。同年十一月，武清衛也被裁革，併入通州左衛〔註3〕。順治十六年四月，薊州、涿州、開平、河間四衛經歷被裁革〔註4〕。同年十月，薊州衛、遵化衛、涿鹿衛、密雲中衛、滄州守禦所、雲州守禦所、龍門守禦所被裁革〔註5〕。順治時期，天津地區的

〔註1〕 李鴻章、黃彭年：（光緒）《畿輔通志》卷三《詔諭三》，《續修四庫全書》第628冊，上海：上海古籍出版社，2002年，第83頁。
〔註2〕 《清世祖實錄》卷六五，順治九年六月丁未，第509～510頁。
〔註3〕 《清世祖實錄》卷七〇，順治九年十一月戊寅，第549頁。
〔註4〕 《清世祖實錄》卷一二五，順治十六年四月壬辰，第969頁。
〔註5〕 《清世祖實錄》卷一二九，順治十六年十月戊戌，第999頁。

軍衛多數已被合并、裁革，僅天津衛和梁城所仍予保留。康熙時期，軍衛改革的步伐開始放緩，康熙四十五年三月，清聖祖在諭旨中說：「衛所改為州縣，斷斷不可。前于成龍為直隸巡撫，即欲以衛所改州縣，朕不允所請。後郭世隆又以此條奏，九卿議從其言，因而准行，至今百姓猶以為苦。近者如此，況遠者乎？御史陳勳所奏，著不准行。」〔註6〕這條史料說明，之前衛所改為州縣步伐太快，各種政策、措施未能有效配合，從而引發了不少問題，因此清聖祖對衛所改為州縣採取慎重的態度。

進入雍正時期，天津地區衛所改為州縣的步伐繼續前進。雍正三年三月，天津衛被裁革，設立天津州〔註7〕，為直隸河間府屬州。雍正三年九月，由長蘆鹽政御史莽鵠立奏請，天津州升為直隸州，轄武清、靜海、青縣共三縣〔註8〕。雍正九年二月，署直隸總督唐執玉疏言，天津直隸州係水陸通衢，五方雜處，事務繁多，辦理不易，因此奏請將天津直隸州升為府，附郭置天津縣，天津縣連同天津直隸州原轄靜海、青縣二縣，以及滄州、南皮、鹽山、慶雲等一州三縣，一併歸天津府管轄。唐執玉還稱梁城所距寶坻甚遠，難以兼顧，因此奏請將寶坻縣江窪口起，至西頭莊止，路南一帶割歸梁城，並改所為縣，舊設梁城所千總一員應請裁汰。唐執玉的建議經吏部議覆後，得到清世宗的採納，天津直隸州升為天津府，梁城所改為寧河縣〔註9〕。這樣天津地區各衛所陸續被裁革，屯丁併入州縣里甲。如薊州衛、鎮朔衛、營州右屯衛被歸併入尚義里，康熙《薊州志》記載薊州衛、鎮朔衛、營州右屯衛歸併原額人丁675丁，內除逃亡、投充人丁468丁，存剩人丁207丁〔註10〕。「各衛所地畝錢糧令州縣徵收，屯丁兼屬管攝，凡軍宅、屯莊概入保甲」〔註11〕。

二、軍事領導官職的變革

天津地區在明代具有突出的戰略地位，在北面薊州處於與蒙古部落鬥爭的前沿陣地，在東北方天津地區面臨後金日益強大的軍事壓力，在東面自日

〔註6〕 李鴻章、黃彭年：（光緒）《畿輔通志》卷一《詔諭一》，第37～38頁。

〔註7〕 《清世宗實錄》卷三〇，雍正三年三月乙巳，北京：中華書局，1985年，第450頁。

〔註8〕 《清世宗實錄》卷三六，雍正三年九月甲子，第545頁。

〔註9〕 《清世宗實錄》卷一〇三，雍正九年二月丙辰，第368頁。

〔註10〕 張朝琮、鄔棠：（康熙）《薊州志》卷三《賦役志‧戶丁》，第6頁。

〔註11〕 沈家本、徐宗亮：（光緒）《重修天津府志》卷四〇《宦績二‧國朝》，第1258頁。

本入侵朝鮮後天津海防形勢長期嚴峻，所以明代在天津地區增兵、設官，天津地區的軍事地位相當重要。進入清代後，天津地區的外部環境發生了巨大變化，東北地區是清代的發祥之地，北部的蒙古族又與滿族聯姻，在海上鴉片戰爭之前天津地區不存在嚴重的海防壓力，因此與明代相比，天津地區在清代沒有嚴峻的軍事壓力，天津地區的軍事地位也相對下降。因此，進入清代後天津地區的軍事領導官職發生了較大變化。

（一）巡撫

順治元年，清朝設置天津巡撫，由都察院右副都御史雷興充任〔註12〕。天津巡撫具有負責天津軍事的權利，順治四年九月，由於剿滅靜海等處土寇不力，天津巡撫張忻被降二級，調外用〔註13〕。順治五年八月，天津巡撫李猶龍奏報，「土寇常元輔妄稱威武王，謀犯津東，總兵官蘇屏翰統兵往剿，元輔就擒，逆寇盡殲」〔註14〕。同月，天津巡撫李猶龍、戶部侍郎王公弼借招撫之名，赴賊營會飲，俱革職為民〔註15〕。順治六年五月，戶部奏言當時邊疆未靖，師旅頻興，一歲之入不足供一歲之出，為開源節流，戶部奏請裁革裁天津、鳳陽、安徽巡撫，以裕國家經費之用，這個建議被採納，天津巡撫被裁革〔註16〕。根據這個記述，節約經費是天津巡撫被裁革的直接原因，事實上天津軍事地位下降，天津地區無設置巡撫之必要，才是其被裁革的根本原因。清代天津巡撫僅存在於順治元年至六年這段時間內，任此職者有雷興、張忻、李猶龍、夏玉四人。

（二）兵備道

清朝入關之初，繼承了明代的職官制度，順治元年七月，清朝任命李永昌為山西按察使司僉事、薊州道〔註17〕。順治二年八月，清朝任命東平州州判徐為卿為山西按察使司僉事、薊州兵備道〔註18〕。順治三年二月，直隸霸州知州孫茂蘭升任山西按察使司僉事、薊州兵備道〔註19〕。順治四年三月，

〔註12〕 《清世祖實錄》卷一○，順治元年十月乙丑，第99頁。
〔註13〕 《清世祖實錄》卷三四，順治四年九月戊申，第278頁。
〔註14〕 《清世祖實錄》卷四○，順治五年八月甲午，第317頁。
〔註15〕 《清世祖實錄》卷四○，順治五年八月辛酉，第321頁。
〔註16〕 《清世祖實錄》卷四四，順治六年五月癸未，第354頁。
〔註17〕 《清世祖實錄》卷六，順治元年七月庚子，第68頁。
〔註18〕 《清世祖實錄》卷二○，順治二年八月壬午，第175頁。
〔註19〕 《清世祖實錄》卷二四，順治三年二月壬辰，第207頁。

永平府知府李中梧升任山西按察使司副使、薊州兵備道〔註 20〕。順治十三年八月，山西河東道參議薛陳偉升任本省按察使司副使、薊州道〔註 21〕。以上數位薊州兵備道官員的職銜爲按察使司僉事、副使，且寄銜山西，這完全沿襲了明代的兵備道制度。

順治十五年十月，由順天巡按董國興奏請，直隸地區的兵備道開始合併，薊州道歸併通密道，改爲通薊道，之前通密道所轄密雲、平谷二縣歸併昌平道，改爲昌密道〔註 22〕。康熙八年六月，改直隸通薊道爲守道，總管錢糧；霸易道爲巡道，總管刑名，駐紮保定府。霸易道原轄順天府屬州、縣歸昌密道統理，改爲霸昌道；通薊道舊轄州縣、衛所，歸永平道統理，改爲通永道〔註 23〕。

順治元年五月，清軍佔領天津伊始，即命寄銜山東布政使司參議的原明代天津兵備道孫肇興仍爲原官〔註 24〕。順治二年四月，清廷任命原明代天津兵備副使李政修爲山東布政使司參議兼按察司僉事、天津兵備道〔註 25〕。順治二年十月，清廷任命甲喇章京劉武元爲山東布政使司參政兼按察使司僉事、天津兵備道〔註 26〕。根據以上記述，我們知道清初沿襲了明代的天津兵備道，職銜爲按察使司僉事、副使或布政使司參政、參議，且寄銜山東。至雍正三年三月，直隸總督李維均奏言，「直隸向年未設藩、臬兩司，故通永、天津、霸昌、大名、口北五道俱掛山西、山東、河南等布、按二司銜。今直隸守、巡二道既改爲布、按二司，其五道等俱應改直隸布、按二司銜」，經吏部議覆後，天津道改爲直隸按察司銜〔註 27〕。

清代天津兵備道具有軍事方面的職責，順治四年直隸河間府慶雲縣爆發抗清起義，順治五年二月義軍佔領慶雲縣城，清廷命順天巡撫嚴加防剿，毋致蔓延〔註28〕。由於慶雲被義軍佔領，三月天津兵備道陳洪謨被降一級調用〔註29〕，

〔註 20〕《清世祖實錄》卷三一，順治四年三月戊申，第 254 頁。
〔註 21〕《清世祖實錄》卷一〇三，順治十三年九月辛酉，第 806 頁。
〔註 22〕《清世祖實錄》卷一二一，順治十五年十一月乙巳，第 940 頁。
〔註 23〕《清聖祖實錄》卷三〇，康熙八年六月丙子，北京：中華書局，1985 年，第 407 頁。
〔註 24〕《清世祖實錄》卷五，順治元年五月壬子，第 60 頁。
〔註 25〕《清世祖實錄》卷一五，順治二年四月辛酉，第 135 頁。
〔註 26〕《清世祖實錄》卷二一，順治二年十月己卯朔，第 183 頁。
〔註 27〕《清世宗實錄》卷三〇，雍正三年三月戊申，第 453 頁。
〔註 28〕《清世祖實錄》卷三六，順治五年二月己巳，第 293 頁。
〔註 29〕《清世祖實錄》卷三七，順治五年三月甲寅，第 302 頁。

這表明天津兵備道具有明確的軍事職責。康熙四年七月，天津道兼理天津鈔關稅務〔註30〕。至雍正四年二月，經怡親王允祥奏請，直隸興修水利，分諸河爲四局，設專官進行管轄以便稽查，其中南運河與減家橋以下之子牙河、苑家口以東澱河等處爲一局，由天津道就近管理，天津兵備道改爲河道，專司河務〔註31〕。雍正四年十月，增設直隸管河官員，添設天津州同一員、青縣子牙河主簿一員，分管河務，歸天津道管轄〔註32〕。

雍正七年三月，清世宗稱由於京城禁止賭博、宰牛，而通州、天津五方雜處，所以游手不法之徒竄匿通州、天津等地，私開賭局，擅殺耕牛。爲禁絕不良之風，清世宗命天津總兵官、天津巡鹽御史、天津道嚴格稽查天津地方的違禁之事，如各官不實心稽查，致有疏縱，皇帝將差侍衛御史等搜獲不法之徒，並將天津總兵官、大津巡鹽御史、天津道各官嚴加議處〔註33〕。根據這個記述，我們可以看出天津道與天津總兵官、天津巡鹽御史共同負責天津地方的社會治安，天津道不只是專管河務。《清世宗實錄》記載，雍正十一年十月，以河間、天津二府分巡事務歸天津河道兼管〔註34〕。光緒《畿輔通志》中的記載與《清世宗實錄》相似，雍正十一年津道復爲巡道，轄河間、大津二府，仍管河務〔註35〕。

（三）總兵官

順治元年五月十八日，清軍以變節的明天津副將婁光先爲天津總兵官〔註36〕，明代後期開始設立的天津總兵官在清代繼續存在，然而與明代相比，清代天津總兵官的職責卻發生了很多變化。順治時期，包括天津在內的直隸地區爆發過較大規模的抗清起義，此後直至鴉片戰爭爆發前天津地區並無嚴峻的軍事壓力，加以天津巡撫於順治六年被裁革，所以在軍事職責之外清代天津總兵官承擔了許多非軍事職責，如管理漕運、留心農業等，這些都是清代總兵官在職責上與明代的明顯不同。

〔註30〕《清聖祖實錄》卷一六，康熙四年七月甲午，第235頁。
〔註31〕《清世宗實錄》卷四一，雍正四年二月甲戌，第607頁。
〔註32〕《清世宗實錄》卷四九，雍正四年十月戊寅，第746頁。
〔註33〕《清世宗實錄》卷七九，雍正七年三月戊午，第39頁。
〔註34〕《清世宗實錄》卷一三六，雍正十一年十月甲寅，第741頁。
〔註35〕李鴻章、黃彭年：（光緒）《畿輔通志》卷三〇《職官六‧國朝一》，第210頁。
〔註36〕《清世祖實錄》卷五，順治元年五月乙巳，第59頁。

管理漕運

清代天津總兵官負有管理漕運的職責，乾隆七年（1742）八月，巡漕御史武柱奏言，漕船由天津行至通州時，往往因三岔河口里許之險，損傷船隻，缺欠漕糧。而每隻漕船的水手、舵工多不過十一二人，過關時在船撐篙、掌舵者必須三、四人，所以僅餘八、九人上岸扯拽，人力不敷。因此武柱奏請請敕下天津總兵官、天津河道派千總一員，每日領兵二十名，前往輪班助力，俾漕船得以安行，不致損壞，並嚴禁弁兵需索勒揂，俟糧船進口完日，仍將委派弁兵撤回本汛差操〔註37〕。

留心農業

康熙四十二年，浙江定海總兵官藍理調任天津總兵官〔註38〕。由於畿輔地區產米不多，而天津一望皆平原，可開河引水，灌溉稻田〔註39〕，因此康熙四十三年十一月天津鎮總兵官藍理奏請於天津開墾水田，「直隸沿海曠地豐潤、寶坻、天津等處窪地，可仿南方開為水田，栽稻一、二年後漸成肥沃，臣願召募閩中農民二百餘人，開墾一萬餘畝，倘可施行，召募江南等處無業之民安插天津，給與牛種，將沿海棄地盡行開墾，限年起科。又臣標兵皆依前朝屯衛之制入籍力田，亦可以節省兵餉」。經戶部議覆後，清聖祖允准了藍理的建議〔註40〕。康熙四十五年三月，直隸巡撫趙弘燮、天津總兵官藍理奏言，「若將直隸所屬荒田及下窪地開墾為水田，實萬世無窮之利」，因此奏請，「以江南等省軍徒人犯安插天津，照丁給田，令其開墾，應交與該撫等。將直隸可以墾作水田之地一概查明，令其開墾，江南等省軍徒、人犯無多，應不分旗民、南北之人，有情願開墾者，亦令照丁給與。如有用官員捐助牛種耕種者，三年後升科；如自備牛種耕種者，六年後升科，其田給與開墾之人為業，該撫等將每年所墾田數查核奏聞」。清聖祖命藍理於天津試開水田，俟入冬後再以此事奏聞〔註41〕。康熙四十五年十月，經過內

〔註37〕《清高宗實錄》卷一七三，乾隆七年八月甲辰，北京：中華書局，1985年，第208頁。

〔註38〕《清聖祖實錄》卷二〇四，康熙四十年四月甲子，第79頁。

〔註39〕李元度：《國朝先正事略》卷一一，《續修四庫全書》第538冊，上海：上海古籍出版社，2002年，第252頁。

〔註40〕沈家本、徐宗亮：（光緒）《重修天津府志》卷二八《經政二·屯田》，第1057頁。

〔註41〕《清聖祖實錄》卷二二四，康熙四十五年三月壬戌，第254頁。

務府總管黑碩子、戶部侍郎穆丹查勘，天津總兵官藍理所墾稻田共 150 頃，由於稻田被水浸泡，所以黑碩子、穆丹建議排泄積水，試種一、二年後安設莊屯〔註 42〕。之後不久，藍理升任福建提督，天津墾田由藍理之弟參將藍珠接管〔註 43〕。康熙四十九年十月，直隸巡撫趙弘燮奏言，藍理所墾 150 頃水田中有 50 頃爲窪地，時被水浸，不便耕種，又有高地 50 頃，不宜種稻，止種收雜糧，供給農工，其可作水田種稻者止 50 頃，康熙四十八年宜種稻穀的 50 頃水田收穫 2500 餘石。由於其餘 100 頃高窪不等之田地旱澇難於蓄泄，其泄水處窄淺，所以田地常被水浸，因此趙弘燮建言將泄水之處挑濬設閘，使 150 頃俱可耕種。清聖祖下令由趙弘燮經理墾田事務，百姓有願意耕種者，撥與耕種〔註 44〕。

光緒《重修天津府志》記載，由於藍理對開墾水田的貢獻，藍理在天津城南所墾之田稱爲「藍田」，河渠圩岸周數十里，「引用海河潮水，仍泄水於本河以灌田，招浙、閩農人數十家分課耕種，每田一頃用水車四部，秋收畝三、四石不等。及升任去奏歸之官，嗣後經理無人，圩坍河淤，數載廢爲荒壤」。藍理當時立水田於城南，分爲東、西兩圈，圈內之地分別以墾種者爲圈名，如華家圈、徐家圈等，又有東棚、西棚爲推水車、養馬的場所〔註 45〕。

除上述天津總兵官藍理在天津發展營田外，之後天津總兵官多對天津農業負有一定的職責。乾隆二年三月，天津鎮署理總兵黃廷桂奏報，三月二十八日天津降雨三寸，麥苗長勢良好，降雨之後秋作物均可播種。清高宗告誡黃廷桂要體恤民瘼，常思賑恤之策，若有蝗蝻萌生，即當竭力捕滅，此係地方實政，不可徒爲粉飾之詞〔註 46〕。乾隆三年三月，天津總兵官黃廷桂奏報天津降雨情形，清高宗認爲黃廷桂所奏屬實，進而向黃廷桂詢問天津民生、糧價等方面的情況〔註 47〕。不僅天津總兵官負有農業方面的職責，天津軍隊也承擔著守護村莊、田地的任務。由於守護村莊、田地的兵丁日用不

〔註 42〕《清聖祖實錄》卷二二七，康熙四十五年十月甲寅，第 276 頁。
〔註 43〕李元度：《國朝先正事略》卷一一，第 252 頁。
〔註 44〕《清聖祖實錄》卷二四四，康熙四十九年十月乙酉，第 421 頁。
〔註 45〕沈家本、徐宗亮：（光緒）《重修天津府志》卷二八《經政二・屯田》，第 1058 頁。
〔註 46〕《清高宗實錄》卷三九，乾隆二年三月戊午，第 706 頁。
〔註 47〕《清高宗實錄》卷六五，乾隆三年三月壬午，第 64 頁。

敷，乾隆五年二月經天津總兵官黃廷桂奏請，這些兵丁按日賞給銀兩，以資養贍〔註48〕。乾隆五年，天津府遭遇水災，天津總兵官黃廷桂奏言本年應納丁糧，百姓無力負擔。經直隸總督孫嘉淦議覆，若天津窪地錢糧來年未完，地方官免於議處，俟麥熟後再徵收〔註49〕。

第二節　清代天津地區駐防八旗

一、寶坻駐防營

清朝入關後，畿輔地區的軍事形勢較為嚴峻，「畿南諸郡北拱神京，南控兩河，西當晉雲之衝，山寇不時跳梁，東連齊魯之界，盜賊出沒無常。至津門尤屬水陸交衝之區，是在在皆為要害，處處須用將兵」。所以自順治二年，分遣八旗官兵於畿輔各地駐防，歷年更置增設〔註50〕，至康熙前期基本形成了畿輔駐防體系。由於寶坻縣四境中旗人之分隸者幾半，且地臨海口，寶坻綠營兵力有限，乃於康熙十二年撥采育里防守尉一人（滿洲鑲白旗）、防禦二人（滿洲鑲白旗、蒙古鑲白旗各一人）、筆帖式一人，鑲白旗滿洲、蒙古兵五十名改駐寶坻縣，設寶坻駐防營於縣東門外，寶坻駐防營雖曰防外，亦以禦內，與寶坻綠營兵營相為表裏，駐防設而武備乃愈周〔註51〕。雍正二年，於寶坻駐防額兵內分設領催、驍騎〔註52〕。雍正七年二月，駐防寶坻筆帖式一人被裁革〔註53〕。雍正十年五月，以京師附近縣城內駐防滿洲兵丁，俱係協領等官管束，因無總轄大員，故教訓兵丁、稽察官員之事殊為疏忽，於是定議寶坻縣、固安縣、雄縣、霸州、采育、保定府、良鄉縣、東安縣八處係一路，獨石口、古北口、張家口、錢家店、鄭家莊、昌平州六處係一路，由京城派副都統各一員，令其總理，每年秋季前往稽察一次，分別勸懲，務令勤

〔註48〕《清高宗實錄》卷一一一，乾隆五年二月丙申，第643頁。

〔註49〕《清高宗實錄》卷一三一，乾隆五年十一月乙未，第915頁。

〔註50〕唐執玉、陳儀：（雍正）《畿輔通志》卷三八《兵制・駐防》，第830頁。

〔註51〕洪肇楙：（乾隆）《寶坻縣志》卷八《職官・武備》，第413頁；嵆璜、劉墉：《欽定皇朝文獻通考》卷一八三《兵考五・直省兵・直隸・八旗駐防》，《景印文淵閣四庫全書》史部第394冊，臺北：商務印書館，1983年，第111頁。

〔註52〕嵆璜、劉墉：《欽定皇朝文獻通考》卷一八三《兵考五・直隸・八旗駐防》，第113頁。

〔註53〕《清世宗實錄》卷八九，雍正七年十二月戊申，第199頁。

加操演，謹守本分，其官員優劣亦令分別具奏〔註54〕。雍正《畿輔通志》記載，寶坻駐防設防守尉一人、防禦二人，甲兵50名〔註55〕。至乾隆元年，寶坻縣增設驍騎校一人，屬鑲白旗〔註56〕。根據《欽定皇朝文獻通考》的記載，寶坻縣防守尉一人，屬在京稽察大臣管轄，防禦二人，驍騎校一人，鑲白旗滿洲、蒙古領催5名，驍騎15名〔註57〕。嘉慶三年（1798），裁寶坻防禦一員〔註58〕。嘉慶七年四月，以之前巡查寶坻等處駐防惟派副都統一人，遂將寶坻縣、保定府、霸州、良鄉縣、雄縣、固安縣、東安縣、采育里等處分為左、右二翼，寶坻縣、東安縣、采育里等為左翼，保定府、雄縣、固安縣、良鄉縣、霸州等處為右翼，臨期各設稽察大臣一員分巡〔註59〕。左、右二翼各設協領，協領缺出，不論旗分，各於本處防禦內合選擬正，諮送該旗帶領引見補授，防禦缺出照此辦理補授〔註60〕。駐防馬甲缺出，例於該處成丁閒散內挑補，如成丁無人，即於在京旗分諮取。道光三年（1823）十一月，根據耆英疏奏采育駐防現無成丁堪挑之人，寶坻距采育相近，成丁較多，采育馬甲缺出，先盡本處成丁閒散挑取，如無成丁之人，即於寶坻駐防閒散內挑補〔註61〕。

關於寶坻防守尉的補授，乾隆六年奏准，寶坻縣防守尉員缺由該旗都統會同領侍衛內大臣、前鋒護軍統領於該旗前鋒侍衛護軍驍騎營副參領、佐領、二三等侍衛及軍政卓異保舉記名之德州各城防禦內遴選正陪，引見補授，如應一旗專補於本旗，選正、陪應兩旗公補，輪選正、陪。嘉慶三年，復准寶坻等七處防守尉缺出，於保定、滄州等九處防禦內擇其管轄嚴肅、熟諳事務者擬定正陪，諮送在京旗分引見，如不得人，行文在京本旗揀選補放補授。

〔註54〕《清世宗實錄》卷一一八，雍正十年五月壬申，第567頁。

〔註55〕唐執玉、陳儀：（雍正）《畿輔通志》卷三八《兵制·駐防》，第831頁。

〔註56〕《大清會典則例》卷一○二《兵部·武選清吏司·官制》，《景印文淵閣四庫全書》史部第381冊，臺北：商務印書館，1983年，第91頁。

〔註57〕嵇璜、劉墉：《欽定皇朝文獻通考》卷一八三《兵考五·直省兵·直隸·八旗駐防》，第107頁。

〔註58〕周家楣、繆荃孫：（光緒）《順天府志》卷六三《經政志十·營制》，第610頁。

〔註59〕《清仁宗實錄》卷九七，嘉慶七年四月丁巳，北京：中華書局，1985年，第295頁；周家楣、繆荃孫：（光緒）《順天府志》卷六三《經政志十·營制》，第610頁。

〔註60〕周家楣、繆荃孫：（光緒）《順天府志》卷六三《經政志十·營制》，第610頁。

〔註61〕《清宣宗實錄》卷六一，道光三年十一月丁亥，北京：中華書局，1985年，第1076頁。

　　關於寶坻防禦的補授，康熙六年奏准，寶坻縣防禦員缺於該處驍騎校內遴選，或軍政卓異保舉記名者，不論滿洲、蒙古保送一人來京擬正，在京各該旗於雲騎尉六、七、八品官護軍校驍騎校內揀選擬陪引見補授，如無可保送，行文該旗遴選正陪引見補授。康熙四十七年議准，寶坻等處防禦缺出，於本處驍騎校內遴選正陪，擬正諮送在京旗分引見補授。

　　關於寶坻驍騎校的補授，乾隆元年奏准，寶坻縣驍騎校員缺於該處領催馬甲內不論滿洲、蒙古，擇其効力年久、材技優長者，擬定正陪，送該旗引見補授〔註62〕。

二、天津水師營

　　《大清會典則例》記載，康熙四十二年，朝廷規定了沿海各營汛的船隻數量，以備官弁遊巡，其中直隸地方的天津駐防左營配備趕繒船八隻〔註63〕，可知這時天津已有負責防海的駐防營。至雍正時期，又設立天津水師營，關於天津水師營的設置時間，各種史書的記載有所差異，有設立於雍正三年、雍正四年兩種說法。（一）雍正三年說，《欽定皇朝文獻通考》卷一八三《兵考五・直隸八旗駐防》、《清史稿》卷一三〇《兵一・八旗》均記載，雍正三年設天津水師營都統 1 人，協領 6 人，佐領、防禦、驍騎校各 32 人〔註64〕。（二）雍正四年說，《大清會典則例》則記載，雍正四年天津設都統 1 人，協領 6 人，佐領、防禦、驍騎校各 32 人〔註65〕。《天津府志》《重修天津府志》均記載，雍正四年於天津海口蘆家嘴設立天津水師營，設都統 1 員，協領 6 員（滿洲 4 員、蒙古 2 員），佐領、防禦、驍騎校各 32 員（滿洲 24 員、蒙古 8 員），筆帖式 3 員（無一定旗分）〔註66〕。《天津縣新志》也記載，雍正帝以滿州兵丁技勇精練，惟未習水師，今欲於天津設立水師營，分撥八旗滿州前往駐防操演，著怡親王會同朱軾、張廷玉、蔣廷錫、拉錫等議奏。至雍正四年，議設都統一員駐新城，轄協領 6 員，佐領、

〔註62〕周家楣、繆荃孫：（光緒）《順天府志》卷六三《經政志十・營制》，第 610 頁。
〔註63〕《大清會典則例》卷一一五《兵部・職方清吏司・巡防》，第 438～439 頁。
〔註64〕嵇璜、劉墉：《欽定皇朝文獻通考》卷一八三《兵考五・直省兵・直隸・八旗駐防》，第 113 頁；趙爾巽：《清史稿》卷一三〇《兵一・八旗》，北京：中華書局，1976 年，3864 頁。
〔註65〕《大清會典則例》卷一〇二《兵部・武選清吏司・官制》，第 91 頁。
〔註66〕李梅賓、吳廷華：（乾隆）《天津府志》卷一五《兵制志》，第 249 頁；沈家本、徐宗亮：（光緒）《重修天津府志》卷三六《經政十・兵防》，第 1168 頁。

防禦騎校各 32 員〔註67〕。《清史稿》卷一三五《兵六‧水師》、卷一三八《兵九‧海防》亦均持雍正四年說,《清史稿》卷一三五《兵六‧水師》的記載為「雍正四年,設天津水師營都統一人,駐天津,專防海口,水師凡二千人」〔註68〕。同書卷一三八《兵九‧海防》則記載,雍正四年,於海口蘆家嘴創設天津水師營,令滿洲兵丁駐紮,學習水師,特簡都統大員,守禦海口〔註69〕。

查閱《清世宗實錄》的記載,雍正三年八月,清世宗以滿洲兵丁於技勇、武藝俱已精練,惟向來未習水師,欲於天津地方設立水師營,分撥八旗滿洲前往駐防操演,命怡親王會同朱軾、張廷玉、蔣廷錫、拉錫詳議天津水師營應於何處駐紮,應設立幾營,派兵若干,用船若干,如何製造船隻,並如何演習兵丁等相關事項〔註70〕。至這年十一月,清世宗在諭旨中說,「天津衛設立水師,前令戶部、兵部、工部會議,遲延數月,追朕查問,始行覆奏,明係工部耽誤」〔註71〕。同年十二月,和碩怡親王等遵旨議覆,天津水師營官兵駐紮地方,已奉旨派出大臣前往相度〔註72〕,可知這時天津水師營尚未實際設置。所以雍正三年為朝廷決議、籌備設立天津水師營的時間,而雍正四年則應為實際設立時間,因此上兩種說法著眼點不同,均為無誤。關於設立天津水師營的原因,《清高宗實錄》記載雍正三年因天津濱海,為福建、浙江、江南、盛京等處商船出入要隘,所以設立水師營,駐兵二千名〔註73〕。

雍正三年十二月,和碩怡親王等遵旨議覆,天津水師營議設副都統一員,滿洲旗分應補佐領、防禦、驍騎校各 3 員,滿洲八旗共各設佐領、防禦、驍騎校各24員,左、右翼各設滿洲協領2員。蒙古旗分應補佐領、防禦、驍騎校各一員,每翼補協領各一員。再駐防滿洲兵丁應補理事同知一員、筆帖式三員。各種史書對天津水師營的軍官編制多有記載,為清晰、直觀地進行對比,現將不同史書中的記載製成表格如下:

〔註67〕 高凌雯:《天津縣新志》卷十七之一《職官(一)》,第504頁。
〔註68〕 趙爾巽:《清史稿》卷一三五《兵六‧水師》,第4001頁。
〔註69〕 趙爾巽:《清史稿》卷一三八《兵九‧海防》,第4098頁。
〔註70〕 《清世宗實錄》卷三五,雍正三年八月丙子,第530頁。
〔註71〕 《清世宗實錄》卷三八,雍正三年十一月辛酉,第562頁。
〔註72〕 《清世宗實錄》卷三九,雍正三年十二月己巳,第566頁。
〔註73〕 《清高宗實錄》卷七八一,乾隆三十二年四月乙未,第612頁。

表 7-1　清代天津水師營文、武官員表　　　　　　　　單位：員

出處 ＼ 官員	都統	副都統	協領		佐領		防禦		驍騎校		理事同知	筆帖式
			滿洲	蒙古	滿洲	蒙古	滿洲	蒙古	滿洲	蒙古		
《清世宗實錄》	1	0	4	2	48	8	48	8	48	8	1	3
雍正《畿輔通志》	1	0	4	2	48	16	48	16	48	16	0	0
《天津府志》	1	0	4	2	24	8	24	8	24	8	0	3
《大清會典則例》	1	1	6		32		32		32		0	0
《欽定皇朝文獻通考》	1	1	6		32		32		32		0	0
《重修天津府志》	1	0	4	2	24	8	24	8	24	8	0	3
《清史稿》	1	1	6		32		32		32		0	0

注：上表根據《清世宗實錄》卷三九雍正三年十二月己巳條、雍正三年十二月癸未條，雍正《畿輔通志》卷三八《兵制》，《天津府志》卷一五《兵制志》，《大清會典則例》卷一〇二《兵部·武選清吏司·官制》，《欽定皇朝文獻通考》卷一八三《兵考五·直隸八旗駐防》，《重修天津府志》卷三六《經政十·兵防》，《清史稿》卷一三〇《兵一·八旗》、卷一三五《兵六·水師》製成。

　　雍正三年十二月初六日，和碩怡親王等遵旨議覆天津水師營議設副都統一員〔註74〕。至本月二十日，朝廷將擬設的天津水師營副都統升格爲都統〔註75〕，所以天津水師營從設立之初即設都統一員，並無副都統之設。《大清會典則例》卷一〇二《兵部·武選清吏司·官制》、《欽定皇朝文獻通考》卷一八三《兵考五·直隸八旗駐防》均記載，乾隆八年天津水師營增設副都統一員，所以此前成書的雍正《畿輔通志》和《天津府志》均無副都統的記載，而《重修天津府志》卻沿襲《天津府志》的說法，對副都統闕而不載，可知地方志書修纂中抄襲之弊。除副都統外，上表中一些史書對筆帖式這一文職官員也沒有記載，而理事同知僅見於雍正三年十二月和碩怡親王等的議覆之中，這一職務很可能並未實際設置。《天津府志》《大清會典則例》《欽定皇朝文獻通考》《重修天津府志》《清史稿》中所載天津水師營都統、協領、佐領、防禦和驍騎校的人數均相同，只是《天津府志》和《重修天津府志》將滿洲、蒙古軍官分開記述，而《大清會典則例》《欽定皇朝文獻通考》《清史稿》則未進行細分。《天津府志》《大清會典則例》《欽定皇朝文獻通考》《重修天津府志》《清

〔註74〕《清世宗實錄》卷三九，雍正三年十二月己巳，第566頁。
〔註75〕《清世宗實錄》卷三九，雍正三年十二月癸未，第577頁。

史稿》均成書於乾隆朝以後，而雍正《畿輔通志》中的相關記載卻與以上史書不同，將上表內容進行對比，雍正時期滿洲協領、佐領、防禦、驍騎校比乾隆以後均多 24 員，蒙古協領、佐領、防禦、驍騎校比乾隆以後均多 8 員。由於雍正《畿輔通志》成書於雍正十三年，《天津府志》成書於乾隆四年，《大清會典則例》《欽定皇朝文獻通考》《重修天津府志》《清史稿》的成書時間則均在乾隆二十年之後，所以可以推斷雍正十三年至乾隆四年期間，曾裁革天津水師營滿洲協領、佐領、防禦、驍騎校各 24 員，蒙古協領、佐領、防禦、驍騎校各 8 員。乾隆時期，天津水師營又增設記名領催，作為驍騎校補用之員〔註76〕。

關於天津水師營都統的除授，乾隆二年題准，天津水師營都統員闕，將前鋒護軍各統領，滿洲、蒙古副都統，滿洲任漢軍副都統開列題補。乾隆七年奏准，天津都統員闕，將滿洲任提督者一併開列〔註77〕。在雍正至乾隆時期，天津水師營都統曾兼轄滄州駐防八旗。雍正十年五月，清世宗以京師附近縣城內駐防滿洲兵丁，俱係協領等官管束，因無總轄大員，所以教訓兵丁、稽察官員之事，殊為疏忽，於是將滿洲駐防兵交相近駐紮之人臣兼管，其中滄州駐防由天津水師營都統兼轄〔註78〕。乾隆三十二年，天津水師營裁革後，滄州駐防歸稽查保定等處副都統兼轄〔註79〕。

以上是各種史書中所載天津水師營文、武官員的設置情況，現在再將各書中所載天津水師營兵力狀況製成表格，以進行對比、分析。

表7-2　清代天津水師營兵力設置　　　單位：名

出處＼兵力	領催左翼	領催右翼	前鋒左翼	前鋒右翼	披甲左翼	披甲右翼	炮甲左翼	炮甲右翼	備註
《清世宗實錄》	滿洲兵 1600，蒙古兵 400。						0		
雍正《畿輔通志》	2000						144		
《天津府志》	128		100		1772		140		原書記載炮甲 140 名，下文又言領催、前鋒、披甲、炮甲合計 2144 名，炮甲數目似應為 144 名。

〔註76〕《清高宗實錄》卷七八二，乾隆三十二年四月丙辰，第 875 頁。
〔註77〕《大清會典則例》卷一〇三《兵部‧職制一》，第 107 頁。
〔註78〕《清世宗實錄》卷一一八，雍正十年五月壬申，第 567 頁。
〔註79〕《清高宗實錄卷》七八二，乾隆三十二年四月丙辰，第 945 頁。

《欽定皇朝文獻通考》	64	64	50	50	886	886	0	乾隆二十五年裁兵 500 名
《重修天津府志》	128		100		1772		144	
《清史稿》	滿洲兵 1600，蒙古兵 400。						0	

注：上表根據《清世宗實錄》卷三九雍正三年十二月己巳條、雍正《畿輔通志》卷三八《兵制》、《天津府志》卷一五《兵制志》、《欽定皇朝文獻通考》卷一八三《兵考五·直隸八旗駐防》、《重修天津府志》卷三六《經政十·兵防》、《清史稿》一三〇《兵一·八旗》製成。

　　由上表可以看出，除炮甲一項，各史書記載略有出入外，領催、前鋒、披甲的數目均相同，共合計 2000 名，只是記載詳略各異。除了上述官兵外，根據《天津府志》記載，天津水師營還設有總領教習一員、教習官 16 員，由浙、閩二省挑送，三年期滿，送部輪番更換，無一定職銜。水手有正舵工、正繚手、正碇手、正阿班、正舢班、副舵工、副繚手、副碇手、副阿班、副舢班各 32 名，共有水手 320 名〔註80〕。天津水師營的水手編制多有變化，乾隆十二年二月，天津水師營都統富昌等奏請，天津水師營水手原設 200 名，請將每船正、副舵工，正頭碇、阿班、舢板、繚手等各存留一名，共 6 名，船 20 隻共存留水手 120 名，撥附水師營應用。其餘 80 名則予以裁革，每人賞銀三兩，發回本籍。富昌的奏請經兵部覆議後，得以准行〔註81〕。至乾隆十六年十月，籌辦圓明園水操船隻，增添新船八隻，需正舵工四名，副舵工、正繚手、正掟手、正阿板、正舢板各八名，由天津水師營分撥，統歸健銳營約束〔註82〕。

　　事實上，上表各書中所載 2000 名的兵力只是舊額，至乾隆時期天津水師營的兵力曾有增減變化，如上表中《欽定皇朝文獻通考》卷一八三《兵考五·直隸八旗駐防》即記載，乾隆二十五年天津水師營裁兵 500 名。除這次裁兵外，乾隆初年天津水師營的兵額還曾得到擴充，關於這次增兵，各種史書也有不同記載。（一）乾隆四年說。《清史稿》卷一三八《兵九·海防》記載，乾隆四年直隸總督高斌奏請拓天津水師營汛，於是增駐滿州兵 1000 名，合舊額共為 3000 名〔註83〕。（二）乾隆七年說。光緒《重修天津府志》卷四〇記載，乾隆七年（1742）四月，直隸總督奏請拓天津水師營汛，天津水師營增

〔註80〕李梅賓、吳廷華：(乾隆)《天津府志》卷一五《兵制志》，第 249～250 頁。
〔註81〕《清高宗實錄》卷二八四，乾隆十二年二月丁卯，第 573 頁。
〔註82〕《清高宗實錄》卷四〇〇，乾隆十六年十月甲辰，第 498 頁。
〔註83〕趙爾巽：《清史稿》卷一三八《兵九·海防》，第 4098 頁。

加駐兵 1000 名，合舊額共為 3000 名〔註84〕。（三）乾隆八年說。《清史稿》卷一三五《兵六·水師》記載，乾隆八年，增設天津水師營 1000 人〔註85〕。（四）乾隆九年說。《欽定皇朝文獻通考》記載，乾隆九年天津水師營增兵 1000 名〔註86〕。光緒《重修天津府志》卷三六也記載，乾隆九年天津水師營增兵 1000 名〔註87〕。再查閱《清高宗實錄》的相關記述，乾隆七年四月，大學士等議覆，直隸總督高斌奏稱天津水師營牆垣內已無隙地，惟牆外向南地面開曠，應添兵 1000 名，以足 3000 之數。根據滿洲駐防體制，各省駐防兵額至 3000 者，例設副都統，與將軍兼管，所以大學士議請天津亦應添設副都統一員，協同都統管理，以符體制，所有天津添設之副都統員缺，請於八溝副都統常久、獨石口副都統保善二員內補用一員。奉旨天津水師營添兵 1000 名，八溝副都統常久補授天津副都統〔註88〕。光緒《重修天津府志》卷四〇的記載與《清高宗實錄》完全相同，應為可信，《清史稿》卷一三五《兵六·水師》中，乾隆八年天津水師營增兵 1000 人的說法，應為實際增添時間，亦為不繆。而《清史稿》卷一三八《兵九·海防》中乾隆四年之說與《欽定皇朝文獻通考》、光緒《重修天津府志》卷三六中乾隆九年之說，則與史事不符。

　　根據前述《清高宗實錄》的記載，乾隆七年四月天津水師營增兵 1000 名之時，增設副都統一員。《清史稿》亦載乾隆七年四月天津水師營增設副都統一員〔註89〕。《大清會典則例》《欽定皇朝文獻通考》《重修天津府志》《天津縣新志》均記載，乾隆八年，天津水師營增設副都統一人〔註90〕。根據史書記載推斷，《清高宗實錄》中的記載為朝廷決議的時間，《大清會典則例》《欽定皇朝文獻通考》《重修天津府志》《天津縣新志》中的記載則為實際增設的時間，這些記載可相互支持、驗證，均為無誤。

〔註84〕　沈家本、徐宗亮：（光緒）《重修天津府志》卷四〇《官績二·國朝》，第 1261 頁。

〔註85〕　趙爾巽：《清史稿》卷一三五《兵六·水師》，第 4001 頁。

〔註86〕　嵇璜、劉墉：《欽定皇朝文獻通考》卷一八三《兵考五·直省兵·直隸·八旗駐防》，第 113 頁。

〔註87〕　沈家本、徐宗亮：（光緒）《重修天津府志》卷三六《經政十·兵防》，第 1168 頁。

〔註88〕　《清高宗實錄》卷一六四，乾隆七年四月癸巳，第 629 頁。

〔註89〕　趙爾巽：《清史稿》卷一〇《高宗本紀一》，第 370 頁。

〔註90〕　《大清會典則例》卷一〇二《兵部·武選清吏司·官制》，第 91 頁；嵇璜、劉墉：《欽定皇朝文獻通考》卷一八三《兵考五·直省兵·直隸·八旗駐防》，第 113 頁；沈家本、徐宗亮：（光緒）《重修天津府志》卷三六《經政十·兵防》，第 1168 頁；高凌雯：《天津縣新志》卷十七之一《職官（一）》，第 504 頁。

　　根據前文的考證，天津水師營原有兵 2000 名，乾隆七年又增添 1000 名，至乾隆二十五年，又裁減 500 名，此後天津水師營有兵 2500 名。至乾隆三十二年，這 2500 名外，天津水師營還有養育兵 342 名〔註91〕。這年二、三月間，清高宗巡視天津，閱視天津水師營軍伍，發現水師營兵丁由於怯懦，已不能騎乘馬匹，天津水師營的疏懈由此可見。清高宗決定裁革天津水師營，都統富當阿、副都統雅隆武革職，所轄兵丁改撥其他地方駐防〔註92〕。關於天津水師營的裁革，各種史書多有記載，可相互印證。根據光緒《重修天津府志》所錄《嘯亭雜錄》中的記載，清高宗閱視天津水師營時，正值風浪大作，海船逆勢難以施演，時都統爲奉義侯英俊，年既衰老，又戎裝繁重，所傳軍令俱錯誤，兵丁技藝既疏，隊伍紊亂，喧嘩不絕，清高宗大怒，於是下令裁革天津水師營〔註93〕。《清史稿》則記載，乾隆三十二年，以海口無事，徒費餉糈，天津水師營全行裁汰〔註94〕。《天津政俗沿革記》中的記載與《清史稿》接近，「乾隆三十二年，以水師營防海口，今海面久已安謐，將駐防各兵移撥他省，所有水師營員額悉裁」〔註95〕。根據以上記述，我們可以看出至乾隆中期天津附近海域長期寧謐、無事，是天津水師營被裁革的根本原因。正是由於這一海域長期沒有大的外患，所以在這種環境下，水師營戰鬥力嚴重下降，都統爲奉義侯英俊年既衰老，仍擔任都統一職，所領兵丁則操練生疏，連戰馬也不能騎乘，以致閱視之時隊伍紊亂，喧嘩不絕。乾隆三十二年三月，天津水師營於閱視之時所出現的混亂、失誤，是其被裁革的直接原因，而清代中期天津海上無患可防則是其根本原因。這年四月，軍機大臣在上奏時即說，天津水師營「爲防禦海口而設，今海面久已寧謐，自可移撥他省」〔註96〕。

　　乾隆二十四年四月，朝廷考慮天津水師營裁革的相關事宜，其所轄 2500 名兵丁，有 358 名願出旗爲民〔註97〕，有 334 名願改爲綠營兵，撥歸直隸總督、提督及各鎮禁營，於馬、戰、守兵缺出頂補。其餘兵丁 1081 名移駐涼州，

〔註91〕《清高宗實錄》卷七八一，乾隆三十二年四月乙未，第 802 頁。
〔註92〕《清高宗實錄》卷七七九，乾隆三十二年三月庚午，第 779 頁。
〔註93〕沈家本、徐宗亮：（光緒）《重修天津府志》卷一《皇言一·詔諭》，第 612 頁。
〔註94〕趙爾巽：《清史稿》卷一三五《兵六·水師》，第 4001 頁。
〔註95〕王守恂：《天津政俗沿革記》一四《防禦·水師》，第 66 頁。
〔註96〕《清高宗實錄》卷七八二，乾隆三十二年四月乙未，第 611～612 頁。
〔註97〕《清高宗實錄》卷七九六，乾隆三十二年十月庚寅，第 762～763 頁。

229 名移駐福州，498 名移駐廣州〔註98〕。300 多名養育兵除孤單無靠、不能
派往者外，其餘均隨家屬前往福州、廣州、涼州。天津水師營武官除被革職
者 15 員外，有降留一員、革留一員、免議三員、議革 78 員，這些武官才堪
驅策，仍准其留任，彈壓前往。天津水師營舊設滿洲、蒙古筆帖式二員，改
爲涼州副都統衙門筆帖式，又有由部考取記名筆帖式七員，內派涼州五員，
福州、廣州各一員〔註99〕。由於移駐涼州兵丁由陸路前往，考慮到農作季節
車輛難以雇備，且兵丁沿途結帳住宿，恐傷禾稼，所以移駐涼州兵丁於秋收
後再行分起前往，未行以前仍由富當阿、雅隆武等暫行經理管束〔註100〕。移
駐福州、廣州兵丁由水路前往，分爲六起，酌量沿河各閘水勢，先後相機啓
放，於漕運無礙，兵船行走亦不致濡滯〔註101〕。兵丁起程時，直隸派天津都
統及天津總兵、天津兵備道沿途照料，至經過地方由兵部行文該省，派員彈
壓。移駐涼州之兵沿途所需車輛、口糧，按照陸路之例給發，移駐福州、廣
州之兵按照臺莊以南用船之例，自天津下船，送至臺莊〔註102〕，兵丁途中豫
給兩月錢糧，由移駐各該處查扣〔註103〕。

　　嘉慶十一年十一月，清仁宗以八旗人丁生齒日繁，爲解決其生計問題，
於是考慮復設天津水師營，酌添駐防官兵，使八旗人食糧當差，不至坐食家
居，情殷待哺〔註104〕，這次復設水師營的設想並未實行。至嘉慶二十一年閏
六月，清仁宗再次決定復設天津水師營，在給內閣的諭旨中清仁宗說，「天津
爲畿輔左掖，大沽等海口直達外洋，從前曾建設水師駐防，後經裁撤。該處
拱衛神京，東接陪都，形勢緊要，自應參考舊制，復設水師營汛以重巡防」，
並命大學士、軍機大臣對駐防官兵、統轄大員、建置事宜、操防規制等事項
進行商議〔註105〕。同年十月，清仁宗說設立天津水師營並非添設營汛、船械，
而是因京城八旗生齒日繁，欲倣照密雲增設駐防官兵，俾資移駐，此前大學士
所奏天津添設水師一摺過於繁瑣，因此著大學士會同該部，按照密雲駐防官兵

〔註98〕　嵇璜、劉墉：《欽定皇朝文獻通考》卷一八三《兵考五・直省兵・直隸・八旗
　　　　　駐防》，第 113 頁。
〔註99〕　《清高宗實錄》卷七八三，乾隆三十二年四月丙辰，第 629 頁。
〔註100〕《清高宗實錄》卷七八三，乾隆三十二年四月戊午，第 632 頁。
〔註101〕《清高宗實錄》卷七八五，乾隆三十二年五月庚辰，第 655 頁。
〔註102〕《清高宗實錄》卷七八三，乾隆三十二年四月丙辰，第 629 頁。
〔註103〕《清高宗實錄》卷七八三，乾隆三十二年四月丙辰，第 631 頁。
〔註104〕《清仁宗實錄》卷一七一，嘉慶十一年十一月壬申，第 233 頁。
〔註105〕《清仁宗實錄》卷三一九，嘉慶二十一年閏六月丁未，第 236～237 頁。

規制額數，另行妥議具奏〔註106〕。至十一月，清仁宗命將閩浙、兩廣、兩江總督將其所轄水師抽調 1000 名，交予新設天津水師營官弁，分營管轄〔註107〕。嘉慶二十一年，議設天津水師營時，大學士會同兵部議奏將新添水師兵 1000 名分為左、右兩營，歸天津鎮總兵官統轄。至嘉慶二十二年三月，清仁宗認為天津鎮總兵官專管陸路，且每年有催趲漕運差使，事務繁重，將水師兩營歸其統轄，恐洋面巡緝、操防之務難以兼顧，因此調福建漳州鎮總兵官許松年為天津水師營總兵官〔註108〕。民國《天津縣新志》記載，天津水師總兵一員轄參將一員、守備一員〔註109〕。需要指出的是，雍正四年所設天津水師營由滿洲、蒙古八旗組成，為駐防八旗，其軍官為都統、副都統、協領、佐領、防禦和驍騎校等。而嘉慶二十一年復設的天津水師營則為綠營兵，其軍官為總兵、參將、守備等，與之前的水師營完全不同。

　　天津水師營復設後，議於福建金門、廈門二標營挑選水兵 128 名，內揀選能充正舵者 8 名，其餘斗、繚、碇手均勻挑配，攜家眷至天津入伍。而閩浙總督奏稱，金門、廈門兩標營水兵眷屬生長南方，禦寒無具，且食指眾多，棄其廬墓，全家遠徙，諸多窒礙，請仍照原議留津三年，無庸攜家眷同往。清仁宗允准了這一奏請，認為金、廈兩標營水兵揀選來津，原以資其練習，若令全家遠徙，非所以示體恤，命福建水兵毋庸攜家眷同來，令其留津三年，將天津新募兵丁上緊教習訓練。如三年期滿，有實在得力者或再酌留一、二年，其有情願在津入伍者亦聽其便〔註110〕。

　　嘉慶二十一年，雖然復設天津水師營，然而由於朝廷對海防並未足夠重視，所以天津水師營並未承擔起應有的海上防禦職能，而且多次被裁減編制，最終於道光六年全部裁革，所轄官兵改歸大名鎮。嘉慶二十五年十月，由於直隸大名、開州，山東兗州、曹州、沂州三府及河南彰德、衛輝、懷慶三府，壤地毗連，民風剽悍，邪教甚多。朝廷議於大名等府添設提督一員，專轄畿南各屬〔註111〕，並天津水師營總兵移駐大名，天津水師營實存守備一員、參將一員、千總二員、把總三員，水兵 491 名〔註112〕。可見，在當

〔註106〕《清仁宗實錄》卷三二三，嘉慶二十一年十月壬寅，第 270～271 頁。
〔註107〕《清仁宗實錄》卷三二四，嘉慶二十一年十一月丙辰，第 278～279 頁。
〔註108〕《清仁宗實錄》卷三二八，嘉慶二十二年三月己未，第 326 頁。
〔註109〕高凌雯：《天津縣新志》卷一七之一《職官（一）》，第 504 頁。
〔註110〕《清仁宗實錄》卷三三七，嘉慶二十二年十二月乙亥，第 447 頁。
〔註111〕《清宣宗實錄》卷六，嘉慶二十五年十月庚寅，第 146 頁。
〔註112〕趙爾巽：《清史稿》卷一三五《兵六・水師》，第 4001 頁。

時朝廷看來，剿除內地的教匪之患遠比加強海防更為緊要、迫切。道光元年五月，由直隸總督方受疇奏請，裁革督標、提標、宣化、廣平及天津水師各營游擊以下共三十缺〔註113〕。至道光六年二月，直隸總督那彥成以大名鎮存城兵少，請裁撤天津海口官兵，改撥大名鎮。清宣宗贊同那彥成的意見，認為天津地方名為海口，實係腹地，且洋面久經肅清，所有現存水師營官兵歲糜帑金，無裨實用，於是將天津水師營裁撤〔註114〕。同年十月，裁天津水師營參將一員、守備一員、千總二員、把總三員、外委六員、水師兵 491名，撥歸大名鎮〔註115〕。

　　道光十二年七月，翰林院侍讀鄂恒以天津距順天不遠，尤須慎重海防，保障京都，所以奏請復設天津水師。清宣宗命琦善將天津應否添設水師，以及該處陸路弁兵是否足資防衛之處，察看情形，從長籌計，悉心妥議具奏〔註116〕。至這年閏九月，琦善具奏天津地處海之西隅，與山東登州、奉天錦州遙相拱衛，沙線分歧，非熟習海徑者，無由曲折而至，且海口二十里外有攔港沙一道，延袤寬廣，融結天成，儼若海河外衛。天津總兵駐紮處所距海口甚近，控馭既便，聲勢相通，陸路營伍足資捍衛，天津水師毋庸復設，以節糜費。從雍正朝開始，天津水帥營旋設旋裁，天津水師營裁革後，天津鎮總兵官統領大沽、葛沽等綠營兵負責海上防禦。道光十二年閏九月，根據琦善的建議，復設天津水師之議被擱置，清宣宗命琦善督率天津鎮將領，認真操演所轄弁兵，必須訓練嫻熟，以成勁旅，加強海上防禦〔註117〕。道光十六年十一月，為防止沿海居民違禁出洋，清宣宗命天津鎮總兵於夏、秋漲潮之際，嚴飭所轄都司、守備等督率兵丁，加強巡防，按月查報〔註118〕。

　　道光十九年六月，直隸永平府昌黎縣發生外國強盜搶劫中國商棧一案，連傷 7 人，劫去白銀 4100 餘兩，之後仍來往天津一帶，擾害居民，劫掠行旅。為肅清盜賊，清宣宗命琦善籌畫是否重設天津水師〔註119〕。御史汪於泗、張灝均建議天津海口應設立水師，以重巡防。而琦善則稱天津海口二十里外舊有攔江沙一道，外洋巨艇不能越沙而進。寧河縣北塘口也有攔江沙阻禦，其

〔註113〕《清宣宗實錄》卷一八，道光元年五月癸酉，第 342 頁。
〔註114〕《清宣宗實錄》卷九五，道光六年二月辛未，第 544 頁。
〔註115〕《清宣宗實錄》卷一〇八，道光六年十月丁丑，第 806 頁。
〔註116〕《清宣宗實錄》卷二一六，道光十二年七月乙丑，第 212 頁。
〔註117〕《清宣宗實錄》卷二二一，道光十二年閏九月乙亥，第 294 頁。
〔註118〕《清宣宗實錄》卷二九一，道光十六年十一月壬午，第 490 頁。
〔註119〕《清宣宗實錄》卷三二四，道光十九年七月庚子，第 1084 頁。

他滄州、靜海、青縣、鹽山、慶雲等處濱海而不通海者居多，永平府遵化州所屬惟昌黎縣浪窩口較大，大舟亦不能進口。況且如若重設天津水師，所需官兵須撥自南方沿海各省，這些官兵遠道而來，不如留於本處，因此琦善認為重設天津水師營只是徒事更張，有名無實。清宣宗再次接受琦善的主張，汪於泗、張灝等人復設天津水師營的建議並未採納〔註120〕。

道光二十年，又據琦善奏英艦到粵，難保不分投竄擾，天津密邇京畿，尤宜慎重防堵。遂復嚴旨派員駐紮要隘，協同防禦。道光二十一年，天津海口增駐官兵，建砲臺營房，近海村落，招集團練，修築土堡，互為策應。道光二十二年，令直隸沿海營兵，善於鳧水及諳習風濤駕駛之技者，飭統兵官訓練，並增設巡哨兵船，以蘆臺為北塘後路，設通永鎮標十五營駐守〔註121〕。

第三節　清代天津地區綠營兵

清朝入關後，繼承了明代的鎮戍、營兵制度，而將之發展為綠營兵制度，綠營兵以綠色旗幟為標誌，分為標、協、營、汛四個層次，駐守各直省的綠營兵由總督、巡撫、提督、總兵統轄，其統轄的親兵分別稱為督標、撫標、提標、鎮標。標之下為協，由副將統領，協的下一層為營，由參將、游擊、都司、守備統轄，協以下為汛，由千總、把總、外委等率領。綠營兵在各地「隨都邑大小遠近，列汛分營，立之將帥，授以節制」〔註122〕，以標、協、營、汛這種層級體系駐紮於全國的城鎮、關隘等交通要衝，形成嚴密的控制網路。

一、天津鎮

關於天津綠營兵的設置，《天津政俗沿革記》有如下記載：「天津襟帶渤海，遮罩京師，是以天津鎮總兵設於順治元年，駐天津，並設分防外汛各營，是為綠營之始。」〔註123〕順治元年五月，以明天津副將婁光先為總兵官，鎮守天津〔註124〕。順治初，裁天津春、秋兩班營游擊，改設天津鎮標左、右營

〔註120〕《清宣宗實錄》卷三二七，道光十九年十月乙酉，第1144頁。
〔註121〕趙爾巽：《清史稿》卷一三八《兵九‧海防》，第4099頁。
〔註122〕嵇璜、劉墉：《欽定皇朝文獻通考》卷一八二《兵考四‧直省兵》，第80頁。
〔註123〕王守恂：《天津政俗沿革記》卷一四《防禦》，第65頁。
〔註124〕《清世祖實錄》卷五，順治元年五月乙巳，第59頁。

游擊各一員〔註125〕。《新校天津衛志》記載，「左、右二營馬步兵原額一千八百四十名，今實在一千五百五十九名，各汛亦在內」〔註126〕。順治十八年四月，兵部題稱天津逼近京師，不必設立重鎮，總兵官並標兵均應議裁。清聖祖認爲天津臨近海口，總兵官及官兵不可裁撤〔註127〕。康熙二十九年之前，除鎮標左、右二營外，天津鎮管轄河間協、通州協、薊州協、山永協、涿州路四協一路，還有大沽營、霸州營、文安營、天津城守營、王慶坨營、永清營直屬天津鎮〔註128〕。康熙二十九年，薊州協、山永協隸新設的古北口總兵官管轄，天津鎮轄河間、通州二協各營〔註129〕，本文僅對駐守天津地區的軍隊進行研究，天津鎮所轄其他位於天津地區之外的軍隊則不在本文研究範圍之內。

關於天津鎮標營官的設置，成書於乾隆二十九年的《大清會典則例》卷一一一《兵部·職方清吏司·營制一·直隸》的記載爲，天津鎮總兵官一人，駐紮天津府，鎮標下轄左、右二營，二營的編制分別爲，左營衆中軍游擊一人兼轄四黨口一營，中軍守備一人，千總二人，把總五人，兵八百有九名；右營游擊一人駐紮磚河，中軍守備一人駐紮天津府，千總二人，把總四人，兵六百有九名。其中四黨營守備一人駐紮四黨口，兵六十一名〔註130〕。成書於乾隆五十年的《欽定皇朝文獻通考》的記載與《大清會典則例》基本相同，唯左營千總由二人增爲三人，把總由五人減爲四人，兵由八百有九名減爲八百八名，略有調整〔註131〕。

天津鎮標左、右二營將領、兵數設置多有變化，爲便於清晰地瞭解這種變化，謹將各書中的相關記載繪成表格如下：

〔註125〕高凌雯：《天津縣新志》卷一七之一《職官（一）》，第 504 頁。

〔註126〕薛柱斗、高必大：《新校天津衛志》卷一《建置·教場》，第 57 頁。

〔註127〕《清聖祖實錄》卷二，順治十八年四月丁亥，第 59 頁。

〔註128〕伊桑阿：（康熙）《大清會典》卷八六，臺北：文海出版社，1992 年，第 357 頁。

〔註129〕嵇璜、劉墉：《欽定皇朝文獻通考》卷一八三《兵考五·直省兵·直隸·綠旗營》，第 124～125 頁；唐執玉、陳儀：（雍正）《畿輔通志》卷三九《兵制》，第 856 頁。

〔註130〕《大清會典則例》卷一一一《兵部·職方清吏司·營制一·直隸》，第 287 頁。

〔註131〕嵇璜、劉墉：《欽定皇朝文獻通考》卷一八三《兵考五·直省兵·直隸·綠旗營》，第 124 頁。

表 7-3　天津鎮標左、右二營官兵人數表　　　　　單位：人

	天津鎮標左營將領					天津鎮標右營將領					天津鎮標左營兵力	天津鎮標右營兵力
	中軍游擊	中軍守備	千總	把總	外委把總	游擊	中軍守備	千總	把總	外委		
雍正《畿輔通志》	1	1	2	4	0	1	1	2	4	0	馬兵 134 步戰兵 31 守兵 531	馬兵 126 守兵 506
《天津府志》	1	1	1	2	1	1	1	2	4	0	174	609
《天津縣志》	1	1	1	3	5	1	1	2	4	5	534	馬兵 112 守兵 497
《大清會典則例》	1	1	2	5	0	1	1	2	4	0	809	609
《欽定皇朝文獻通考》	1	1	3	4	0	1	1	2	4	0	808	609

注：上表根據雍正《畿輔通志》卷三九《兵制》、《天津府志》卷一五《兵制志》、《大清會典則例》卷一一一《兵部‧職方清吏司‧營制一‧直隸》、《欽定皇朝文獻通考》卷一八三《兵考》製成。

　　關於天津鎮標二營、天津河標二營、天津城守營、四黨口營、崔黃口營的將領和兵力狀況，《天津府志》卷一五《兵制志》有明確記載，今將其繪製表格如下：

表 7-4　《天津府志》卷一五《兵制志》中所在天津各營概況表

	軍官（員）	駐地	汛地	兵數（名）		
				馬兵	步戰兵	守兵
天津鎮標左營	中軍游擊 1	天津府城				
	中軍守備 1	東光縣夏口				
	千總 1	鹽山縣城	鹽山縣汛	8	0	26
	把總 2	南皮縣城	南皮汛	7	0	26
		南皮縣薛家窩	薛家窩汛	4	0	22
	外委把總 1	南皮縣馮家口	馮家口汛	4	0	21

天津鎮標右營	游擊 1	滄州磚河				
	中軍守備 1	天津府城				
	千總 2	滄州城外	滄州汛	9	0	56
		青縣城外	青縣汛	8	0	29
	把總 4	興濟汛	興濟汛	6	0	27
		舊滄州汛	舊滄州汛	11	0	44
		青縣馬廠汛	青縣馬廠汛	6	0	27
		寧津汛	寧津汛	缺	缺	缺
天津河標左營	副將 1	務關				
	中軍都司 1	務關				
	千總 2	務關		113	0	441
		楊村				
	把總 3	天津府城				
		蒲溝				
		蔡村				
天津河標右營	游擊 1	通州張家灣				
	中軍守備 1	天津				
	千總 1	天津		80	0	272
	把總 5	通州張家灣				
		馬頭				
		安平				
		香河				
		缺				
天津城守營	都司 1	天津府城				
	中軍千總 1	天津府城	城內五汛：鼓樓汛，鼓樓南汛，鹽法道汛，神機庫汛，費家胡同汛。城外九汛：天齊廟汛，閘口汛，姜剎汛，城南角汛，永豐屯汛，板橋汛，河北戶部前汛，戶部中汛，戶部後汛。	0	0	每汛 4，共 56。
	把總 2	北馬頭汛	北馬頭汛	北馬頭汛守兵 33。楊柳青汛馬兵 2、守兵 31。		
		楊柳青汛	楊柳青汛			
	外委把總 4	北馬頭汛	分防北馬頭汛			
		楊柳青汛	分防楊柳青汛			
		二員駐津城				

				22	14	30
四黨口營	守備1	四黨口		22	14	30
	千總1	鹽山縣	羊兒莊汛	5	0	33
	把總2	滄州	嚴鎮汛	17	10	35
		靜海縣	唐官屯汛	11	0	28
	外委把總3	靜海縣	唐官屯汛	11	0	28
		鹽山縣	韓村汛	0	0	10
		鹽山縣	高家灣汛	馬、守兵共44名。（原文爲「馬兵□名，守兵□十□名」，根據《天津府志》卷一五《兵制志》，四黨口營共馬、守兵336名，除去其他各汛兵292名，高家灣汛的馬、守兵當爲44名。）		
王慶坨營	都司1	武清縣				
	千總1	武清縣	天津河頭汛	0	0	5
			靜海羊糞港汛	0	0	5
	把總2	缺	缺	缺	缺	缺
		靜海城外	靜海汛，兼轄於家堡汛。	於家堡汛馬兵7、守兵31。		
	外委把總1	靜海汛	協辦靜海汛	靜海汛馬兵7、守兵33。		

注：上表根據《天津府志》卷一五《兵制志》製成。

　　以上是乾隆四年之前，天津鎮標左、右二營軍官、汛地的設置情況。事實上，乾隆四年之前，天津鎮標左營曾轄有羊兒莊、嚴鎮二汛，至雍正十三年八月，羊兒莊、嚴鎮二汛改歸靜海縣四黨口守備管轄〔註132〕。雍正十二年，增設天津鎮標左營兵九十名，右營兵五十名〔註133〕。至乾隆七年十一月，由署直隸總督史貽直奏請，再次對天津鎮標營官進行了重新調整，將鎮標左營駐河間府東光縣夏口守備撤回，管理兵馬、錢糧、軍火、器械事務，另派鎮標右營外委把總一員管理夏口河務、漕務，夏口汛馬、守兵三十三名，也撤回天津，聽候差遣。左營所屬鹽山、南皮、薛家窩、馮家口等汛，撥歸右營游擊管轄，右營原管之馬廠、青縣、興濟三汛，撥歸左營四黨口守備就

〔註132〕《清世宗實錄》卷一五九，雍正十三年八月乙亥，第950頁。

〔註133〕嵇璜、劉墉：《欽定皇朝文獻通考》卷一八三《兵考五・直省兵・直隸・綠旗營》，第138頁。

近管轄〔註 134〕。乾隆五十年，將河間協右營存城千總一人移調天津，作爲鎮標左營存城千總，又將舊滄州汎把總一人移駐天津，作爲鎮標右營存城把總〔註135〕。

嘉慶十九年三月，經直隸總督那彥成奏請，撥天津、宣化二鎮標兵各四百名，再加督標兵二百名，移駐大名左右、開州、杜勝等營〔註136〕。至四月，嘉慶帝以天津、宣化二鎮均係要地，驟各裁去兵四百名，未免過多，著該督再於通省營伍內酌量均勻裁汰，以符一千名之數〔註137〕。

清代天津城內駐有天津城守營，直屬天津鎮總兵官，康熙十七年，裁天津城守營游擊，拱極城都司移駐天津，都司以下設將領四人：中軍千總一員、把總二員、北馬頭訊把總一員、楊柳青汎把總一員，兵四百四十八名〔註138〕。根據《新校天津衛志》的記載，「城守營步、守兵原額六百名，今實在五百六十四名」〔註139〕。記事終於乾隆五十年的《欽定皇朝文獻通考》卷一八三《兵考》中則記載，天津城守營都司 1 人、千總 1 人、把總 2 人，兵 446 名。可知乾隆四年至乾隆五十年之間，天津城守營裁革外委把總 4 員，增加兵 118 名。

四黨口營

靜海縣四黨口爲私鹽出入之所，由天津鎮標左營中軍游擊兼轄〔註140〕。雍正三年直隸總督李紱、鹽院莽鵠立會題，於天津鎮標下撥設守備一員、把總一員、馬兵二十名、守兵三十名，津鎮左、右、城守、大沽、王慶沱、文安、霸州七營內派撥馬兵二十名、守兵三十名，巡緝私販，按年更換。雍正十二年，增設四黨口守備一員，歸天津鎮標左營兼轄〔註141〕。而《天津府志》則記載，雍正十三年經直隸總督李衛題請，將天津鎮標守備、把總、兵丁撤回，四黨口

〔註134〕《清高宗實錄》卷一七八，乾隆七年十一月丙辰，第 291～292 頁。

〔註135〕嵇璜、劉墉：《欽定皇朝文獻通考》卷一八三《兵考五‧直省兵‧直隸‧綠旗營》，第 140 頁。

〔註136〕《清仁宗實錄》卷二八八，嘉慶十九年三月戊午，第 942～943 頁。

〔註137〕《清仁宗實錄》卷二八九，嘉慶十九年四月辛巳，第 956 頁。

〔註138〕嵇璜、劉墉：《欽定皇朝文獻通考》卷一八三《兵考五‧直省兵‧直隸‧綠旗營》，第 132 頁。

〔註139〕薛柱斗、高必大：《新校天津衛志》卷一《建置‧教場》，第 57 頁。

〔註140〕嵇璜、劉墉：《欽定皇朝文獻通考》卷一八三《兵考五‧直省兵‧直隸‧綠旗營》，第 124 頁。

〔註141〕嵇璜、劉墉：《欽定皇朝文獻通考》卷一八三《兵考五‧直省兵‧直隸‧綠旗營》，第 138 頁。

專設守備一員管領，津鎮七營馬、守兵五十名，撥歸左營管轄〔註142〕。雍正十三年八月，由直隸總督李衛奏請，撥天津鎮左營羊兒莊、嚴鎮汛等處弁兵，歸靜海縣四黨口守備管轄，設千總一員、把總二員、外委三員〔註143〕。乾隆七年十一月，由署直隸總督史貽直奏請，對天津鎮標二營汛地進行了重新部署，其中鎮標右營原管之馬廠、青縣、興濟三汛，撥歸左營四黨口守備就近管轄〔註144〕。

務關營

務關營駐河西務，順治四年九月，增設務關營游擊一員，兵二百七十名〔註145〕。根據康熙《大清會典》的記載，務關營設游擊一員、千總一員、把總一員，隸屬通州協副將〔註146〕。由於通州參將所轄的楊村、漷縣、香河三營，相距遙遠，難於統束，康熙四十年二月，天津總兵官潘育龍奏請，將務關營游擊改為參將，設中軍守備一員、千總二員、把總六員，除本營現有一千總外，添設千總一員，將楊村營把總二員、漷縣營把總二員、香河營把總一員，歸併務關一營，此外通州協兼轄之寶坻營守備、千總各一人，兵一百六十三名，涿州營兼轄之崔黃口守備、把總各一人，兵一百六名，俱改歸務關營參將統轄〔註147〕。雍正十年五月，直隸河標議設左、右二營，其中務關營參將改為河標左營中軍副將，務關守備改為中軍守備，仍駐務關〔註148〕。雍正十年，原隸務關路之永樂店汛改屬武清營〔註149〕。至乾隆十四年，直隸河道衙門裁革，河標左營中軍副將仍改天津鎮屬務關路參將，中軍都司仍改務關路中軍守備〔註150〕，設務關路參將以下將領十人，兵六百七名〔註151〕。

寶坻營

關於寶坻營的設立情況，乾隆《寶坻縣志》記載，「順治五年始立寶坻營，設有游擊一員，至十三年改設守備」〔註152〕。至康熙時期，寶坻營又增千總

〔註142〕李梅賓、吳廷華：（乾隆）《天津府志》卷一五《兵制志》，第251頁。
〔註143〕《清世宗實錄》卷一五九，雍正十三年八月乙亥，第950頁。
〔註144〕《清高宗實錄》卷一七八，乾隆七年十一月丙辰，第291～292頁。
〔註145〕《清世祖實錄》卷三四，順治四年九月辛丑，第277頁。
〔註146〕伊桑阿：（康熙）《大清會典》卷八六，第359頁。
〔註147〕《清聖祖實錄》卷二〇三，康熙四十年二月庚辰，第73頁。
〔註148〕《清世宗實錄》卷一一八，雍正十年五月壬申，第567～568頁。
〔註149〕周家楣、繆荃孫：（光緒）《順天府志》卷六三《經政志十·營制》，第607頁。
〔註150〕《清高宗實錄》卷三五四，乾隆十四年十二月戊子，第896頁。
〔註151〕嵇璜、劉墉：《欽定皇朝文獻通考》卷一八三《兵考五·直省兵·直隸·綠旗營》，第125頁。
〔註152〕洪肇楙、蔡寅斗：（乾隆）《寶坻縣志》卷八《職官·武備》，第411頁。

一員、把總一員，隸通州協管轄〔註 153〕。康熙四十年二月，經天津總兵官潘育龍奏請，將寶坻營守備裁去，寶坻營千總改歸新設的務關營參將統轄〔註 154〕。《清世宗實錄》卷一一二記載，雍正九年十一月，直隸提督路振揚奏請將寶坻營守備改爲都司僉書〔註 155〕。至雍正十年，寶坻營守備改爲都司〔註 156〕。這年，務關營兼轄之寶坻營都司以下將領三人，兵一百六十三名，俱隸總河統轄〔註 157〕。這年五月，直隸河道總督王朝恩疏言，務關原轄之寶坻營距河遙遠，請仍歸天津鎮標管轄，從之〔註 158〕。雍正十二年，增設寶坻營馬兵六名，步戰兵二十四名，共三十名〔註 159〕。雍正十二年九月，由直隸總督李衛奏請，添設寧河縣把總一員，歸寶坻營轄〔註 160〕。乾隆十四年，直隸河道總督裁革，寶坻營仍歸務關營兼轄〔註 161〕。

　　寧河、北塘地方屬於寶坻營管轄，根據乾隆《寶坻縣志》記載，梁城所設有守禦千總，北塘口設有防海千總〔註 162〕。雍正三年於梁城所增設千總一員，由於北塘口濱大海，南通山左，東達遼陽，風帆出沒不測，所以又設海口千總一員，駐紮北塘，南海灘外委一員，駐紮新河，領馬兵 3 名、守兵 24 名。雍正十二年九月，由直隸總督李衛奏請，添設寧河汛把總一員，歸寶坻營轄〔註 163〕。光緒《順天府志》記載，雍正十二年設立寧河營把總一員，駐紮縣治，領兵 21 名〔註 164〕。根據清代軍制，參將、游擊、都司、守備所領爲營，千總、把總、外委所領爲汛，所以上述光緒《順天府志》記載寧河營設把總一員，領兵 21 名，必然有誤，根據武官的名號與兵丁數量，雍正十二年所設應爲寧河汛，而非寧河營。乾隆《寧河縣志》明確記載有雍正、

〔註 153〕伊桑阿：（康熙）《大清會典》卷八六，第 358 頁。
〔註 154〕《清聖祖實錄》卷二〇三，康熙四十年二月庚辰，第 73 頁。
〔註 155〕《清世宗實錄》卷一一二，雍正九年十一月乙丑，第 491 頁。
〔註 156〕洪肇楙：（乾隆）《寶坻縣志》卷八《職官·武備》，第 411 頁。
〔註 157〕唐執玉、陳儀：（雍正）《畿輔通志》卷三八《兵制》，第 840 頁。
〔註 158〕《清世宗實錄》卷一一八，雍正十年五月壬申，第 567～568 頁。
〔註 159〕嵇璜、劉墉：《欽定皇朝文獻通考》卷一八三《兵考五·直省兵·直隸·綠旗營》，第 138 頁。
〔註 160〕《清世宗實錄》卷一四七，雍正十二年九月戊寅，第 824～825 頁。
〔註 161〕嵇璜、劉墉：《欽定皇朝文獻通考》卷一八三《兵考五·直省兵·直隸·綠旗營》，第 139 頁。
〔註 162〕洪肇楙、蔡寅斗：（乾隆）《寶坻縣志》卷八《職官·武備》，第 411 頁。
〔註 163〕《清世宗實錄》卷一四七，雍正十二年九月戊寅，第 824～825 頁。
〔註 164〕周家楣、繆荃孫：（光緒）《順天府志》卷六三《經政志十·營制》，第 605 頁。

乾隆時期歷任寧河汛把總的任職情況〔註165〕，可知雍正十二年所設確爲寧河汛。

崔黃口營

崔黃口營初設守備一員、把總一員，係涿州路參將管轄〔註166〕。順治七年裁，通州協轄張灣、采育、三河、玉田、豐潤、務關、寶坻、崔黃口、涿州、拱極城、舊州 11 營〔註167〕。由於崔黃口營去涿州營 240 餘里，而距務關止 50 餘里，康熙四十年二月，天津總兵官潘育龍奏請將崔黃口營守備、把總各一人，兵 106 名，俱歸務關營兼轄，經兵部覆議後，允行〔註168〕。雍正十年五月，直隸河標議設左、右二營，務關崔黃守備改爲河標右營守備，移駐天津。崔黃口地方留把總一員駐防，仍歸左營管轄〔註169〕。至乾隆十四年，直隸河道衙門裁革，河標右營守備仍改爲務關崔黃營守備〔註170〕。

楊村營

楊村營初設守備一員、把總二員，隸通州協管轄〔註171〕。康熙四十年二月，天津總兵官潘育龍疏言，楊村等營與通州參將相去遙遠，難於統束，奏請將務關營游擊改爲參將，裁去楊村營守備，楊村營原設千總一員歸併務關營，獲得允准〔註172〕。

武清營

順治元年設立武清營，並設守備一員〔註173〕。順治十二年，裁鳳河營游擊，止設把總，歸武清營兼轄〔註174〕。武清營初設游擊一員、千總一員、把總二員，由通州協兼轄〔註175〕。康熙四十年，武清營游擊以下將領四人，兵 181 名，改

〔註165〕關廷牧、徐以觀：（乾隆）《寧河縣志》卷六《職官志·武備·寧河汛把總》，第 15～16 頁。
〔註166〕伊桑阿：（康熙）《大清會典》卷八六，第 358 頁。
〔註167〕唐執玉、陳儀：（雍正）《畿輔通志》卷三八《兵制》，第 858～862 頁。
〔註168〕《清聖祖實錄》卷二〇三，康熙四十年二月庚辰，第 73 頁。
〔註169〕《清世宗實錄》卷一一八，雍正十年五月壬申，第 567～568 頁。
〔註170〕《清高宗實錄》卷三五四，乾隆十四年十二月戊子，第 896 頁。
〔註171〕伊桑阿：（康熙）《大清會典》卷八六，第 358 頁。
〔註172〕《清聖祖實錄》卷二〇三，康熙四十年二月庚辰，第 73 頁。
〔註173〕嵇璜、劉墉：《欽定皇朝文獻通考》卷一八三《兵考五·直省兵·直隸·綠旗營》，第 127 頁。
〔註174〕嵇璜、劉墉：《欽定皇朝文獻通考》卷一八三《兵考五·直省兵·直隸·綠旗營》，第 130 頁。
〔註175〕伊桑阿：（康熙）《大清會典》卷八六，第 358 頁。

由天津鎮兼轄〔註176〕。雍正十年五月，直隸河標議設左、右二營，天津鎮兼轄之武清營游擊以下將領四人，兵181名，改隸河道總督統轄。武清營之蒲溝汛暨楊村、蔡村、務關三汛，俱歸河標左營管轄〔註177〕。雍正十年，原隸務關路之永樂汛及其把總一員改屬武清營〔註178〕。至乾隆十四年，直隸河道衙門裁革，河標左營管轄的蒲溝汛仍歸武清營管轄〔註179〕，武清營仍隸天津鎮〔註180〕。

王慶坨營

順治元年設立王慶坨協，並設副將一員〔註181〕。順治九年，裁王慶坨營副將，改設參將以下將領四人，兵405名，王慶坨協降為王慶坨營〔註182〕。順治十年，裁參將一員、守備二員，改設都司一員〔註183〕。至康熙二十五年，設有都司一員、千總一員、把總二員，直屬天津鎮總兵官〔註184〕。雍正十年，改設都司〔註185〕。雍正十一年，設都司以下官兵〔註186〕。雍正十二年，增設王慶坨營馬兵7名、步戰兵28名，共35名〔註187〕。乾隆十六年十一月之前，王慶坨營設兵140餘名，本月直隸總督方觀承疏陳王慶坨營所轄靜海縣汛和獨流鎮汛均為水路要衝，兵力單弱，奏請將靜海汛改設靜海營，令王慶坨營都司帶本營馬、守兵58名移駐靜海汛，同靜海汛原設並續撥兵，共108名，統歸新設的靜海營管轄。再將舊設靜海汛把總移駐獨流鎮汛，撥給存坨兵25名，王慶坨仍留駐千總一員、兵40名，以資巡防，歸靜海營兼轄〔註188〕。

〔註176〕嵇璜、劉墉：《欽定皇朝文獻通考》卷一八三《兵考五·直省兵·直隸·綠旗營》，第134頁。

〔註177〕《清世宗實錄》卷一一八，雍正十年五月壬申，第567～568頁；嵇璜、劉墉：《欽定皇朝文獻通考》卷一八三《兵考五·直省兵·直隸·綠旗營》，第136頁。

〔註178〕周家楣、繆荃孫：(光緒)《順天府志》卷六三《經政志十·營制》，第604頁。

〔註179〕《清高宗實錄》卷三五四，乾隆十四年十二月戊子，第896頁。

〔註180〕嵇璜、劉墉：《欽定皇朝文獻通考》卷一八三《兵考五·直省兵·直隸·綠旗營》，第139頁。

〔註181〕嵇璜、劉墉：《欽定皇朝文獻通考》卷一八三《兵考五·直省兵·直隸·綠旗營》，第127頁。

〔註182〕嵇璜、劉墉：《欽定皇朝文獻通考》卷一八三《兵考五·直省兵·直隸·綠旗營》，第129頁。

〔註183〕周家楣、繆荃孫：(光緒)《順天府志》卷六三《經政志十·營制》，第605頁。

〔註184〕伊桑阿：(康熙)《大清會典》卷八六，第360頁。

〔註185〕唐執玉、陳儀：(雍正)《畿輔通志》卷三九《兵制》，第857頁。

〔註186〕周家楣、繆荃孫：(光緒)《順天府志》卷六三《經政志十·營制》，第605頁。

〔註187〕嵇璜、劉墉：《欽定皇朝文獻通考》卷一八三《兵考五·直省兵·直隸·綠旗營》，第129頁。

〔註188〕《清高宗實錄》卷四〇二，乾隆十六年十一月甲戌，第288～289頁。

靜海營

根據《天津府志》卷一五《兵制志》的記載，王慶坨營轄有靜海汛，由把總一員分防，外委把總一員協防，設馬兵 7 名、守兵 33 名。乾隆十六年十一月，直隸總督方觀承疏陳王慶坨營所轄靜海縣汛和獨流鎮汛均爲水路要衝，兵力單弱，奏請將靜海汛改設靜海營，令王慶坨營都司帶本營馬、守兵 58 名移駐靜海汛，同靜海汛原設並續撥兵，共 108 名，統歸新設的靜海營管轄。再將舊設靜海汛把總移駐獨流鎮汛，撥給存坨兵 25 名，王慶坨仍留駐千總一員、兵 40 名，以資巡防，歸靜海營兼轄〔註 189〕。根據《大清會典則例》卷一一一《兵部・職方清吏司・營制一・直隸》和《欽定皇朝文獻通考》卷一八三《兵考》記載，靜海營設都司一員、千總一員、把總二員，兵 222 名。靜海縣唐官屯汛設千總一缺，向由部選，後所管屯糧歸入靜海、滄州等州縣經理，所轄堤工亦歸各州縣經管，至乾隆十六年閏五月，經直隸總督方觀承奏請，未便復名屯所千總改於河工把總內揀補〔註 190〕。

大沽營

順治元年設立大沽營，置守備一員〔註 191〕，直屬天津鎮〔註 192〕。順治初，設大沽營游擊一員。順治十年十月，裁大沽營游擊，移駐葛沽〔註 193〕。順治十二年，將移駐葛沽的大沽營游擊以下將領 5 員、兵 439 名，仍還駐大沽〔註 194〕。記事迄於康熙二十五年的康熙《大清會典》記載，大沽營設游擊、守備、千總、把總各一員，直屬天津鎮總兵官〔註 195〕。成書於乾隆四年的《天津府志》中的記載則爲，大沽營設游擊一員，駐紮大沽；中軍守備一員，駐紮葛沽；千總一員，駐紮雙港汛，兼防海口汛；把總二員，一駐紮滄州祁口汛，一駐紮慶雲汛，共有馬、守兵 479 名〔註 196〕。

乾隆三十二年三月，天津水師營裁革後，原駐地新城由大沽營游擊移駐，

〔註 189〕《清高宗實錄》卷四〇二，乾隆十六年十一月甲戌，第 288～289 頁。

〔註 190〕《清高宗實錄》卷三九〇，乾隆十六年閏五月庚辰，第 131 頁。

〔註 191〕嵇璜、劉墉：《欽定皇朝文獻通考》卷一八三《兵考五・直省兵・直隸・綠旗營》，第 127 頁。

〔註 192〕伊桑阿：（康熙）《大清會典》卷八六，第 360 頁。

〔註 193〕高凌雯：《天津縣新志》卷一七之一《職官（一）》，第 504 頁。

〔註 194〕嵇璜、劉墉：《欽定皇朝文獻通考》卷一八三《兵考五・直省兵・直隸・綠旗營》，第 130 頁。

〔註 195〕伊桑阿：（康熙）《大清會典》卷八六，第 360 頁。

〔註 196〕李梅賓、吳廷華：（乾隆）《天津府志》卷一五《兵制志》，第 252 頁。

四月軍機大臣議准，於各標營抽撥兵 300 名〔註197〕。至十月，直隸總督方觀承奏言，大沽營應移駐新城兵 108 名，其餘應在各標營抽撥，不若就近將水師營出旗候補之兵，即令先補新城額設兵數，餘兵仍照原議於督、提及各鎮標營，俟有缺出頂補，得旨准行〔註198〕。嘉慶七年，裁大沽營游擊，改設大沽協副將一員，轄左營都司一員、千總一員、把總三員。嘉慶十八年，設大沽營中軍都司一員〔註199〕，經直隸總督溫承惠奏請，撥直隸天津鎮左營外委一員，暨大沽裁改守備原管兵 80 名，葛沽營馬兵 3 名、守兵 10 名，歸新設大沽營都司管轄，建設衙署，給予關防〔註200〕。

表 7-5　《天津府志》所載清代大沽營兵力、汛地表

	將領（員）	駐地	汛地	兵數（名）	
				馬兵	守兵
大沽營	游擊 1	大沽			
	中軍守備 1	葛沽	葛沽汛	9	100
	千總 1	雙港汛	雙港汛	5	33
			兼防海口汛	4	33
	把總 2	滄州祁口汛	祁口汛	8	7
		慶雲汛	慶雲汛	8	35

注：大沽營將領、兵力狀況根據《天津府志》卷一五《兵制志》製成。

表 7-6　各書所載大沽營兵力狀況對照表　　　　　　單位：人

			雍正《畿輔通志》	《天津府志》	《天津縣志》	《大清會典則例》
大沽營	將領	游擊	1	1	1	1
		中軍守備	1	1	1	1
		千總	1	1	1	1
		把總	2	2	2	2
	兵數		439	479	432	432

注：上表根據雍正《畿輔通志》卷三九《兵制》、《天津府志》卷一五《兵制志》、《天津縣志》卷一〇《海防志》、《大清會典則例》卷一八三《兵考五》製成。

〔註197〕《清高宗實錄》卷七八三，乾隆三十二年四月丙辰，第 629～631 頁。
〔註198〕《清高宗實錄》卷七九七，乾隆三十二年十月庚寅，第 762～763 頁。
〔註199〕高凌雯：《天津縣新志》卷一七之一《職官（一）》，第 504 頁。
〔註200〕《清仁宗實錄》卷二七〇，嘉慶十八年六月乙巳，第 654 頁。

葛沽營

明代萬曆二十五年，即於葛沽地方設置海防營，設副總兵一員。至清代順治時，繼續在葛沽設立葛沽營，設游擊一員，後移游擊於大沽，改設守備〔註201〕。順治十年十月，裁大沽營游擊，併入葛沽營〔註202〕。順治十二年，將併入葛沽營的大沽營游擊以下將領5員、兵439名，仍還駐大沽〔註203〕。乾隆三十二年三月，天津水師營被裁革後，將大沽營游擊移駐水師營舊駐之新城，改名葛沽營，將中軍守備移駐大沽口，抽撥天津鎮兵200名駐葛沽存營，調撥正定鎮屬兵200名駐葛沽存城〔註204〕。乾隆三十五年正月，經直隸總督楊廷璋奏請，葛沽營所屬雙港汛千總移駐葛沽，並將移駐新城的41名兵丁，加上葛沽原有守兵9名，共50名歸千總管轄。另將天津鎮所屬葛沽汛經制外委及所轄守兵32名，移駐雙港，作為專汛〔註205〕。乾隆五十七年十一月，經由直隸總督梁肯堂奏請，將葛沽營大沽汛經制外委一員移駐祁口，撥馬、守兵20名，作為專汛，大沽所遺兵丁改歸海口汛兼管〔註206〕。嘉慶十八年六月，經直隸總督溫承惠奏請，撥直隸天津鎮左營外委一員，暨大沽裁改守備原管兵80名，葛沽營馬兵3名、守兵10名，歸新設大沽營都司管轄；撥磚河營外委一員，暨海口裁改把總原管兵80名，葛沽營馬兵2名、祁口汛馬兵3名，歸新設海口營守備管轄，建設衙署，給予關防〔註207〕。道光二十年，裁葛沽營都司，移霸州營游擊為葛沽營游擊〔註208〕。

根據《重修天津府志》的記載，葛沽營駐紮天津府城迤東之新城，西距郡城八80里，東8里至鄧善沽大橋橫道，與大沽營界；西65里至陳塘莊迤西岔口，與天津城守營界；南25里至大樹橫道，亦與大沽營界；北2里至海河中心，與北塘營界，分防葛沽汛、鹹水沽汛、雙港汛三汛。葛沽汛距本營8里，東5里至楊惠莊大橋，與本營右哨界；西12里至茶棚迤西八里岔，與鹹水沽汛界；

〔註201〕李鴻章、黃彭年：（光緒）《畿輔通志》卷六八《輿地略二十三》，第574頁。

〔註202〕高凌雯：《天津縣新志》卷一七之一《職官（一）》，第504頁。

〔註203〕嵇璜、劉墉：《欽定皇朝文獻通考》卷一八三《兵考五·直省兵·直隸·綠旗營》，第130頁。

〔註204〕嵇璜、劉墉：《欽定皇朝文獻通考》卷一八三《兵考五·直省兵·直隸·綠旗營》，第140頁。

〔註205〕《清高宗實錄》卷八五一，乾隆三十五年正月丁酉，第395～396頁。

〔註206〕《清高宗實錄》卷一四一六，乾隆五十七年十一月戊戌，第1046頁。

〔註207〕《清仁宗實錄》卷二七〇，嘉慶十八年六月乙巳，第654頁。

〔註208〕高凌雯：《天津縣新志》卷一七之一《職官（一）》，第504頁。

南 25 里至上沽林迤北橫道，與本營左哨界；北至附近大河中心，與北塘新河汛界。鹹水沽汛距營 25 里，東 8 里至八里岔橫道，與本營葛沽汛界；西 12 里至前辛莊茶棚，與本營雙港汛界；南 18 里至溺河，與四黨口營嚴鎮汛界；北 12 里至鄭家莊小石牌，與北塘營新河汛界。雙港汛距營 48 里，東 8 里至前辛莊茶棚，與本營鹹水沽汛界；西 15 里至陳塘莊外西岔路口，西南至西北小岔道，北至擺渡口，皆與城守營西沽汛界；南 6 里至橫道，與本營鹹水沽汛界；北 8 里至翟家莊西北，與城守營西沽汛界；東北與北塘營新河汛界〔註209〕。

表7-7 各書所載葛沽營兵力狀況對照表　　　　　　　　單位：人

			雍正《畿輔通志》	《天津府志》	《天津縣志》	《大清會典則例》
葛沽營	將領	游擊	1	2	1	1
		中軍守備	2	1	1	2
		千總	1	1	1	1
		把總	2	2	2	2
	兵數		457	389	465	485

注：上表根據雍正《畿輔通志》卷三九《兵制》、《天津府志》卷一五《兵制志》、《天津縣志》卷一○《海防志》、《大清會典則例》卷一八三《兵考五》製成。

　　由於天津鎮所轄營伍較多，為清楚顯示天津鎮所轄綠營設置情況，茲將雍正《畿輔通志》、《大清會典則例》、《欽定皇朝文獻通考》中清代位於今天津地區的各綠兵營將領和兵數分別製成表7-8、7-9：

表7-8 《大清會典則例》所載天津鎮綠營兵力狀況表　　　單位：人

	將領員數與駐地						兵數
	參將	游擊	都司	守備	千總	把總	
天津鎮標左營		1		1	2	5	809
天津鎮標右營		1 磚河		1 天津府	2	4	609
天津城守營			1 天津府		1	2	442
四黨口營				1 四黨口			61

〔註209〕沈家本、徐宗亮：(光緒)《重修天津府志》卷三六《經政十·兵防》，第1160頁。

務關營	1 河西務		1	2	6	788
寶坻營		1 寶坻縣		1	2	263
崔黃口營			1 崔黃口		1	77
大沽營	1 大沽汛		1 葛沽	1	2	432
武清營		1 武清縣		1	2	202
靜海營		1 靜海縣		1 王慶坨	2	222

注：上表根據《大清會典則例》（記事終於乾隆二十七年）卷一一一《兵部・職方清吏司・營制一・直隸》

表 7-9　《欽定皇朝文獻通考》所載天津鎮綠營兵力狀況表　　單位：人

	將領員數與駐地						兵數（名）
	參將	游擊	都司	守備	千總	把總	
天津鎮標左營		1		1	3	4	808
天津鎮標右營		1 磚河		天津府	2	4	609
天津城守營				1 天津府	1	2	444
四黨口營				1 四黨口			61
務關營	1 駐河西務			1	2	6	607
寶坻營				1 寶坻縣	1	2	211
崔黃口營				1 崔黃口		1	77
葛沽營		1 新城		1 大沽	1	2	485
武清營				1 武清縣	1	2	197
靜海營				1 靜海縣	1 王慶坨	2	222

注：上表根據《欽定皇朝文獻通考》（記事終於乾隆五十年）卷一八三《兵考》製成。

二、天津河標營

雍正七年，設天津河道總督，駐天津〔註210〕。雍正十年五月，議設直隸河標左、右二營，務關路參將改爲河標左營中軍副將，務關守備改爲河標左營中軍守備，仍駐務關；張灣營守備改爲河標右營游擊，仍駐張灣，務關崔黃守備改爲河標右營守備，移駐天津。崔黃口留把總一員駐防，仍歸左營管轄。武清之蒲溝汛暨楊村、蔡村、務關三汛，俱歸左營管轄。務關以北安平、潯縣、香河、西儀四汛與張灣二汛，俱歸右營管轄。又添設隨標千總一員歸右營管轄，添設把總一員歸左營管轄，並於左、右兩營抽兵 60 名，駐防天津〔註211〕。雍正十二年八月，經直隸河道總督顧琮奏請，河標左營崔黃口汛歸天津鎮標管轄〔註212〕。

根據《天津府志》卷一五《兵制志》中，有天津河標左、右二營將領和兵力設置的詳細記載，詳見表 7-10。乾隆十四年十二月，直隸總河衙門裁革，河標左營中軍副將仍改天津鎮屬務關路參將，中軍都司仍改務關路中軍守備，河標右營游擊仍改天津鎮屬通州協張灣營都司，右營守備仍改務關崔黃營守備，添設隨標之守備、千把總俱裁革，河標左營之務關等汛鎮標營，均仍歸務關路參將管轄，左營之蒲溝汛仍歸武清營管轄，河標右營之左、右二司，即張灣汛把總二員，仍令張灣營管轄。務關原撥之馬、步兵 719 名，各歸原營汛差操〔註213〕。

表 7-10　清代天津河標營兵力狀況表

軍官（員）		駐地	兵數（名）	
			馬兵	守兵
天津河標左營	副將 1	務關	113	441
	中軍都司 1	務關		
	千總 2	務關		
		楊村		
	把總 3	天津府城		
		蒲溝		
		蔡村		

〔註210〕 嵇璜、劉墉：《欽定皇朝文獻通考》卷一八三《兵考五・直省兵・直隸・綠旗營》，第 135 頁。

〔註211〕 《清世宗實錄》卷一一八，雍正十年五月壬申，第 567～568 頁。

〔註212〕 《清世宗實錄》卷一四六，雍正十二年八月辛未，第 822～823 頁。

〔註213〕 《清高宗實錄》卷三五四，乾隆十四年十二月戊子，第 896～897 頁。

天津河標右營	游擊 1	通州張家灣	80	272
	中軍守備 1	天津		
	千總 1	天津		
	把總 5	通州張家灣		
		馬頭		
		安平		
		香河		
		缺		

注：上表根據《天津府志》卷一五《兵制志》，第 250 頁製成。《天津縣志》卷一〇《海防志》的記載與《天津府志》卷一五《兵制志》基本相同，而對天津縣以外的駐地略而不備，見《天津縣志》卷一〇《海防志》第 95 頁。

　　爲詳細瞭解天津河標左、右二營的軍力變化，謹將各書中相關記載繪成表格如下：

表 7-11　書所載天津河標營兵力狀況對照表

| | 天津河標左營將領 | | | | 天津河標右營將領 | | | | 天津鎮標左營兵力 | 天津鎮標右營兵力 |
	副將	中軍都司	千總	把總	游擊	中軍守備	千總	把總		
雍正《畿輔通志》	1	2	2	3	1	1	1	4	馬兵 25 步戰兵 78 守兵 432	馬兵 80 守兵 267
《天津府志》	1	1	2	3	1	1	1	5	馬戰兵 113 守兵 441	馬兵 80 守兵 272
《大清會典則例》	1	2	2	3	1	1	1	5	馬戰兵 110 守兵 441	馬兵 82 守兵 277
《欽定皇朝文獻通考》	1	1	2	3	1	1	1	5	馬戰兵 114 守兵 441	馬兵 82 守兵 272

三、薊州綠營

　　順治元年，清朝設立薊州鎮、宣府鎮、正定鎮、通州鎮、天津鎮、山海
關鎮等處總兵官。薊州鎮存在時間很短，至順治四年，裁薊州鎮總兵官，改
設薊州協副將，左、右二營各設守備以下將領三人，兵共 390 名〔註214〕，
這時薊州協隸屬天津鎮管轄。康熙二十九年，「撥天津鎮統轄之薊州協標二
營並協標兼轄之遵化城守等四營，山永協標二營並協標兼轄之山海路等四
營，隸古北口鎮統轄」〔註215〕。《欽定皇朝文獻通考》記載，三屯協兼轄
遵化營、喜峰路、潘家口、薊州城守營等四營〔註216〕，而三屯協於康熙三
十年由薊州協改設而來〔註217〕，康熙三十年之前薊州城守營由薊州協兼
轄，因此上述康熙二十九年薊州協兼轄之遵化城守等四營，即包括薊州城
守營在內。《欽定皇朝文獻通考》記載，薊州城守營設於順治元年〔註218〕，
康熙《薊州志》記載薊州城守營設於順治七年，應屬誤記〔註219〕。由上述
隸屬關係的變化，我們知道康熙二十九年之前薊州城守營由天津鎮薊州協
兼轄，至康熙二十九年薊州協及其兼轄的薊州城守營改隸古北口鎮，康熙
三十年薊州協改為三屯協，薊州城守營改由三屯協兼轄。乾隆二十二年六
月，經馬蘭鎮總兵圖爾善奏請，遵化城守營、薊州城守營二營改歸馬蘭鎮
總兵管理〔註220〕。

　　關於薊州城守營官兵人數情況，《欽定皇朝文獻通考》記載，順治十一
年改薊州城守營守備為都司，增設千總、把總各一人、兵 100 名〔註221〕。
至乾隆五十年時，薊州城守營設都司一人、千總二人、把總二人，領兵 282

〔註214〕嵇璜、劉墉：《欽定皇朝文獻通考》卷一八三《兵考五·直省兵·直隸·綠旗
　　　　營》，第 127 頁。
〔註215〕嵇璜、劉墉：《欽定皇朝文獻通考》卷一八三《兵考五·直省兵·直隸·綠旗
　　　　營》，第 132～133 頁。
〔註216〕嵇璜、劉墉：《欽定皇朝文獻通考》卷一八三《兵考五·直省兵·直隸·綠旗
　　　　營》，第 120～121 頁。
〔註217〕嵇璜、劉墉：《欽定皇朝文獻通考》卷一八三《兵考五·直省兵·直隸·綠旗
　　　　營》，第 133 頁。
〔註218〕嵇璜、劉墉：《欽定皇朝文獻通考》卷一八三《兵考五·直省兵·直隸·綠旗
　　　　營》，第 127 頁。
〔註219〕張朝琮、鄔棠：(康熙)《薊州志》卷三《賦役志·兵制》，第 77 頁。
〔註220〕《清高宗實錄》卷五四○，乾隆二十二年六月壬戌，第 826 頁。
〔註221〕嵇璜、劉墉：《欽定皇朝文獻通考》卷一八三《兵考五·直省兵·直隸·綠旗
　　　　營》，第 130 頁。

名〔註222〕。成書於康熙四十三年的《薊州志》記載，薊州城守營設於順治七年，置守備一人，領兵 100 名。順治十一年，改薊州城守營守備為都司，另設千總一員、把總二員，領兵 400 名，後陸續裁減兵 175 名，現存兵 225 名，其中馬兵 74 名、步兵 151 名〔註223〕。道光《薊州志》中關於康熙四十三年之前的記載與康熙《薊州志》相同，關於康熙四十三年後的記載為，康熙四十四年後薊州城守營陸續添兵 29 名，於嘉慶十六年奉文裁汰馬兵 2 名、守兵 6 名，至道光十一年存馬兵 58 名、守兵 188 名〔註224〕。雍正《畿輔通志》記載，薊州城守營原設參將、守備各一員，順治六年裁參將，順治十一年裁守備，改設都司，另設千總一員、把總二員，領馬兵 73 名、步兵 151 名〔註225〕。嘉慶《大清一統志》記載，薊州城守營設都司一人、千總二人、把總二人、經制外委五人、額外外委二人〔註 226〕。以上各書的記載雖有所出入，然而大致反映了薊州城守營的歷時性變化。關於薊州城守營都司、千總、把總的職責，康熙《薊州志》有所記述，「都閫專任城守統轄之責，闔郡賴之以為保障」，「千總乃薊營之中軍，為一軍之耳目，且專司城守，職任非輕，任斯位者尤當加意致謹焉」，「左、右二司把總分管城東、城西地方，巡緝盤詰之任，誠為營中之輔弼」〔註227〕。

清代乾隆時期薊州建有多處行宮，這些行宮均設有兵丁看守。乾隆十年四月，直隸總督高斌疏稱：「煙郊、白澗、桃花寺、隆福寺四處行宮看守周邊兵弁，欽奉諭旨，令臣派員看守。茲查煙郊行宮應派外委一員、守兵 8 名，請於寶坻營撥守兵五名，王慶坨營撥守兵 3 名，於通協轄屬馬兵內揀拔外委一員，歸三河營管轄。白澗行宮附近村莊應設外委一員，守兵 8 名。桃花寺行宮建處半山，應設外委一員、兵丁 12 名。隆福寺行宮附近陵寢山叢樹密，應設外委一員，守兵 16 名，三處共守兵 36 名，於薊協所屬陸路僻汛內酌撥，外委三員於薊協轄屬馬兵內揀拔，統歸薊州營管轄，外委各給土房三間，兵

〔註222〕嵇璜、劉墉：《欽定皇朝文獻通考》卷一八三《兵考五·直省兵·直隸·綠旗營》，第 120～121 頁。
〔註223〕張朝琮、鄔棠：（康熙）《薊州志》卷三《賦役志·兵制》，第 77 頁。
〔註224〕沈銳、章過：（道光）《薊州志》卷五《賦役志·兵制》，第 46 頁。
〔註225〕唐執玉、陳儀：（雍正）《畿輔通志》卷三八《兵制·鎮戍》，第 842 頁。
〔註226〕穆彰阿、潘錫恩：（嘉慶）《大清一統志》卷五《直隸·武職官》，《續修四庫全書》第 613 冊，上海：上海古籍出版社，2002 年，第 103 頁。
〔註227〕張朝琮、鄔棠：（康熙）《薊州志》卷四《官秩志》，第 15、17、18 頁。

－242－

丁各給土房二間」，經兵部議覆後，高斌的建議被採納〔註228〕。根據上述記載，
我們知道上述各處行宮於乾隆十年開始派兵看守，其中煙郊行宮官兵歸三河
營管轄，白澗行宮、桃花寺行宮、隆福寺行宮官兵歸薊州營管轄。道光《薊
州志》也記載，盤山汛設千總一員、外委二員，守兵 40 名；桃花寺汛設外委
一員，守兵 11 名；隆福寺汛設外委一員，守兵 20 名；白澗汛設外委一員，守
兵 7 名，這幾處兵丁均有薊州城守營分撥，也由薊州城守營管轄〔註229〕。《清
宣宗實錄》記載，道光十一年十一月，裁盤山委署千總二員、兵 41 名〔註230〕。
道光《薊州志》記載，盤山汛有兵丁 40 名，所以《清宣宗實錄》所載裁減 41
名兵丁，當早於道光《薊州志》中的記載。道光十一年十一月之後，盤山汛
兵力仍有變化，詳見下文。

　　清代在黃崖關仍有駐軍隊，《欽定皇朝文獻通考》記載，康熙元年改黃崖
口操守為把總，領兵 58 名，歸薊州城守營兼轄〔註231〕。道光《薊州志》記載，
黃崖關初設把總一員，後改為千總，另有外委三員，黃崖關汛初屬馬蘭路管
轄，順治十七年改隸薊州城守營，雍正二年又改歸馬蘭鎮管轄〔註232〕。記事
終於康熙二十五年的《大清會典》記載，黃崖關設把總一員，成書於康熙四
十三年的《薊州志》記載，黃崖營把總署在薊州北 55 里黃崖關城內〔註233〕。
關於黃崖關的兵力狀況，康熙《薊州志》記載，黃崖關原設守兵 95 名，至
康熙四十三年有馬兵 2 名、步兵 54 名。《清高宗實錄》記載，乾隆五年四
月，署理馬蘭鎮總兵官布蘭泰奏言黃崖關汛廣兵單，不敷巡察，奏請添設
馬兵 3 名、步兵 19 名，這個建議被採納實行〔註234〕。道光《薊州志》記
載，黃崖關「守兵一百十五名，節年奉裁三十七名，現存馬、守兵八十五
名」〔註235〕。

　　順治十五年八月，和碩榮親王葬於黃花山，同年設黃花山營守備一員，

〔註228〕《清高宗實錄》卷二三九，乾隆十年四月己巳，第 82～83 頁。
〔註229〕沈銳、章過：(道光)《薊州志》卷五《賦役志·兵制·薊營》，第 46 頁。
〔註230〕《清宣宗實錄》卷二〇一，道光十一年十一月庚午，第 1157 頁。
〔註231〕嵇璜、劉墉：《欽定皇朝文獻通考》卷一八三《兵考五·直省兵·直隸·綠旗
　　　　營》，第 130～131 頁。
〔註232〕沈銳、章過：(道光)《薊州志》卷五《賦役志·兵制·薊營》，第 46 頁。
〔註233〕張朝琮、鄔棠：(康熙)《薊州志》卷二《建設志·公署》，第 18 頁。
〔註234〕《清高宗實錄》卷一一四，乾隆五年四月丙子，第 674 頁。
〔註235〕沈銳、章過：(道光)《薊州志》卷五《賦役志·兵制·薊營》，第 46 頁。

左、右哨千總各一員，管轄兵丁 100 名守護王陵。康熙二十五年九月，又建立悼妃陵二處，由黃花山營兵丁輪流守護〔註236〕。康熙《薊州志》記載，黃花山守備公署位於薊州東北 42 里孫各莊，大堂三間，堂後住宅五間，堂東書房二間，堂前為二門，又前為大門。此外還有左、右哨千總公署，位於黃花山守備公署西〔註237〕，由此可見黃花山守備之下有千總二員。雍正元年，黃花山營由曹家路改隸馬蘭鎮統轄〔註238〕。《清高宗實錄》記載，乾隆四年六月署直隸馬蘭鎮總兵副都統布蘭泰奏稱，「查黃花山營原設守備一員，千、把二員，汛地無多，請將該營千、把酌調一員，為曹家路都司中軍千總，應添兵丁即照密、平抽去名數補足。其黃花山營改設經制外委一員」。經兵部議覆後，乾隆帝允准了這一建議〔註239〕。《欽定皇朝文獻通考》記載，黃花山營設守備一員、千總二員，領兵 133 名〔註240〕。道光《薊州志》記載，黃花山陵寢設守備一員、千總一員、外委二員、守兵 100 名，後陸續裁兵 51 名，至道光十一年存護陵兵 49 名。從上述康熙《薊州志》、《清高宗實錄》、《欽定皇朝文獻通考》、道光《薊州志》的記載中，我們可以看出黃花山營武官設置的變化情況。黃花山護陵官兵開始由薊州城守營管轄，後改歸馬蘭鎮。嘉慶十年，奉文將黃花山千總調回馬蘭鎮〔註241〕。

乾隆七年，建端慧太子園寢於薊州朱華山。乾隆八年十一月，端慧太子安葬於朱華山園寢。《大清會典則例》記載，朱華山汛設置千總、把總、外委把總，馬兵 11 名，守兵 48 名〔註242〕。嘉靖《大清一統志》記載，朱華山汛隸屬黃花山營，舊設千總二員，嘉慶十三年裁去一員，經制外委二員，額外外委二員〔註243〕。道光《薊州志》記載，朱華山汛設置千總一員、外委一員、馬兵 7 名、守兵 47 名〔註244〕。

〔註236〕張朝琮、鄔棠：（康熙）《薊州志》卷四《官秩志・守備》，第 23 頁。
〔註237〕張朝琮、鄔棠：（康熙）《薊州志》卷二《建設志・公署》，第 18 頁。
〔註238〕嵇璜、劉墉：《欽定皇朝文獻通考》卷一八三《兵考五・直省兵・綠旗營》，第 135 頁。
〔註239〕《清高宗實錄》卷九四，乾隆四年六月己卯，第 437 頁。
〔註240〕嵇璜、劉墉：《欽定皇朝文獻通考》卷一八三《兵考五・直省兵・綠旗營》，第 122 頁。
〔註241〕沈銳、章過：（道光）《薊州志》卷五《賦役志・兵制・薊營》，第 46 頁。
〔註242〕《大清會典則例》卷一三七《工部・屯田清吏司・山陵》，第 317 頁。
〔註243〕穆彰阿、潘錫恩：（嘉慶）《大清一統志》卷五《直隸・武職官》，第 103 頁。
〔註244〕沈銳、章過：（道光）《薊州志》卷五《賦役志・兵制・薊營》，第 46 頁。

　　道光十九年十二月，由馬蘭鎮總兵官琦琛奏請，設立青山嶺專汛，其軍官、兵丁來源情況爲，軍官從直隸盤山汛調撥千總一員，從黃崖關調撥外委二員。兵丁從盤山汛、黃崖關各調撥守兵 20 名，從薊州營調撥馬兵 2 名，從楊家堡汛調撥守兵 15 名，從黃花山、朱華山二汛各調撥守兵 10 名〔註 245〕。

〔註 245〕《清宣宗實錄》卷三二九，道光十九年十二月戊寅，第 1177 頁。

第八章 清代天津地區駐軍承擔的任務

第一節 防海

　　順治元年，李聯芳、張成軒於滄州、南皮一帶進行抗清活動。十月，清廷任命雷興爲右副都御史，巡撫天津，雷興與總兵官婁光先率師討之。張成軒等準備轉移出海，清軍扼守海口，張成軒部驚潰，投水死者強半。雷興復遣兵捕治，張成軒等的抗清鬥爭失敗。於是，雷興疏言大沽海口爲神京門戶，請置戰船爲備，下所司議行〔註1〕。順治八年十月，清廷升任戶部左侍郎馬光輝爲兵部尚書兼都察院右副都御史，總督直隸、山東、河南，提督紫荊等關兼理天津海防軍務〔註2〕。

　　清朝建立之初，南明抗清勢力還比較強盛，其中鄭成功領導的抗清力量長期在東南沿海地區堅持鬥爭，雙方在沿海地區的反覆較量，是清初海防鬥爭的主要內容。爲招降鄭成功，順治十年五月，清廷封鄭芝龍爲同安侯，鄭成功爲海澄公，鄭鴻逵爲奉化伯，鄭芝豹爲左都督。順治十一年二月，鄭芝龍奉旨遣李德同鄭、賈二使齎海澄公敕印，招撫鄭成功。鄭成功於安平鎮大宴來使，辭以兵多將廣，無地安插，不受敕。同年三月，南明定西侯張名振、忠靖伯陳輝率師入長江，奪戰船百餘艘，入天津衛，焚奪糧船百餘艘，張名振直至金山，致祭烈皇帝而回，金陵聞風震動〔註3〕。爲切斷沿海民眾與鄭成

〔註1〕趙爾巽：《清史稿》卷二三九《雷興傳》，第9522頁。

〔註2〕《清世祖實錄》卷六一，順治八年十月辛酉，第479頁。

〔註3〕彭孫貽：《靖海志》卷二，《續修四庫全書》第390冊，上海：上海古籍出版社，2002年，第152頁。

功抗清集團的聯繫，清廷開始實施海禁政策，順治十三年六月，清廷敕諭浙江、福建、廣東、江南、山東、天津各督、撫、鎮曰：「海逆鄭成功等竄伏海隅，至今尚未剿滅，必有奸人暗通線索，貪圖厚利，貿易往來，資以糧物。若不立法嚴禁，海氛何由廓清，自今以後各該督、撫、鎮著申飭沿海一帶文武各官，嚴禁商民船隻私自出海，有將一切糧食貨物等項與逆賊貿易者，或地方官察出，或被人告發，即將貿易之人，不論官民，俱行奏聞正法，貨物入官，本犯家產盡給告發之人。其該管地方文武各官不行盤詰、擒緝，皆革職，從重治罪。地方保甲通同容隱，不行舉首，皆論死。凡沿海地方大小賊船可容灣泊登岸口子，各該督、撫、鎮俱嚴飭防守各官，相度形勢，設法攔阻，或築土壩，或樹木柵，處處嚴防，不許片帆入口，一賊登岸，如仍前防守怠玩，致有疏虞，其專汛各官即以軍法從事，該督撫鎮一併議罪，爾等即遵諭力行。」〔註4〕

自統一臺灣後，清代海防形勢較為緩和，《清史稿》有言：「國初海防，僅備海盜而已。自道光中海禁大開，形勢一變，海防益重。」〔註5〕康熙《靜海縣志》卷一記載，「方今東顧，青海揚波，天津重鎮界邑封內，北拱盛京，南通省會，東濱滄海，西據衛河，密邇三津，作海防之門戶」〔註6〕。

《清高宗實錄》記載，乾隆七年浙閩總督策楞選撥教習、千總曾榮富等四員，至天津水師營教演兵丁，至乾隆十年三年期滿，天津水師營都統富昌等奏請諮浙、閩等省揀選熟水性者四員送部，由部轉發天津，交代教習。兵部覆議後，這一奏請得到批准〔註7〕。根據《大清會典則例》卷一一三的記載，各省八旗水師營每年春、秋二季，將軍、都統、副都統等督率官兵分駕戰艦操演，其中天津水師營每年四月起，八月止，出海操演，均擇天氣晴和、潮平風順時，官兵乘戰艦出洋列陣，張帆起碇，掌號發炮，以次操練，停操之後，督率官兵講習水務〔註8〕。《大清會典則例》卷一一五則記載，雍正四年題准，天津水師營官兵於四月起至九月止，駕船出洋巡哨〔註9〕。

道光二十年五月二十二日，英國艦隊在廣東海面集結，對廣州和珠江口

〔註4〕《清世祖實錄》卷一〇二，順治十三年六月癸巳，第789頁。
〔註5〕趙爾巽：《清史稿》卷一三八《兵九・海防》，第4095頁。
〔註6〕閻甲胤、馬方伸：（康熙）《靜海縣志》卷一《分野志・形勝》，第14頁。
〔註7〕《清高宗實錄》卷二三九，乾隆十年四月辛未，第84頁。
〔註8〕《大清會典則例》卷一一三《兵部・職方清吏司・簡閱》，第376頁。
〔註9〕《大清會典則例》卷一一五《兵部・職方清吏司・巡防》，第432頁。

實施封鎖，蓄謀已久的鴉片戰爭開始爆發。英軍在廣州、廈門兩地的戰鬥接連挫敗，一路向北逃竄。六月初八日，英軍攻陷定海。六月十三日，懿律、義律率領軍艦從舟山北上，七月十二日英軍抵達天津白河口，直隸總督琦善受命馳赴天津海口，親督籌備，並豫調兵丁，駐集防堵，寧河等處海口亦一體防禦〔註10〕，天津府城戒嚴〔註11〕。八月初四，琦善與義律在大沽口會面，經商定雙方將談判地點定於廣東，於是英軍艦船開始南下。八月十七日，清宣宗命琦善於天津城外風神廟等處和北塘海口加謹防維，如英國船隻船再次駛至，即明白宣諭，如其敢進口登岸，肆行強橫，即行開槍開炮痛剿，並命琦善隨機應變，妥為辦理〔註12〕。十一月初六，琦善以欽差大臣、署理兩廣總督的身份到達廣東，之後雙方繼續開始談判。

　　道光二十年十二月十三日，由署直隸總督訥爾經額奏請，開始加強天津一帶軍事戰備，修築大沽、北塘海口炮臺、土壩，並建蓋兵房、添鑄炮位，裁提標及宣化、正定、大名、鎮標兵共 425 名，如額募駐大沽等處，移霸州營游擊為葛沽營游擊，葛沽營都司為蘆臺營都司，撥天津鎮把總、經制外委各一員駐北塘口〔註13〕。與此同時，英方在談判中堅持要求中國開放港口、割讓土地，十二月十四日，琦善將英方的無禮要求馳奏朝廷，清宣宗以天津密邇京畿，尤宜慎重防堵，命訥爾經額迅即親赴天津，妥為籌辦，於副將內酌派一員協同總兵陳金綬加強防禦〔註14〕。十二月十七日，京師運送火炮三十二尊至天津，以備安設堵禦，並帶去炮甲二十名，並著揀派兵弁隨同學習演放〔註15〕。如若英國艦船復敢駛至天津等處，逼近口岸，即行開放槍炮，痛加轟擊。為增強天津海防，訥爾經額奏請增加天津兵力，清宣宗命宣化鎮總兵石生玉迅即前往協同防堵〔註16〕。道光二十一年正月，直隸總督訥爾經額、御史黎光曙上奏速籌天津海防一摺，二人認為攻寇之法，禦炮為先，其法用麻布口袋盛沙，每兵各負一袋，堆成兩墩，橫安一墩，成品字形，兵勇躲在墩後，務須令土常濕，炮子遇之而陷，但使堆築得宜，厚至四五尺，便可捍衛兵勇，令人膽壯。俟夷人勢窮力竭，再令我軍施放大炮，彼必披靡逃

〔註10〕　《清宣宗實錄》卷三三六，道光二十年七月庚子，第 111 頁。
〔註11〕　吳慧元、俞樾：(同治)《續天津縣志》卷一《星土祥異》，第 284 頁。
〔註12〕　《清宣宗實錄》卷三三八，道光二十年八月甲戌，第 136 頁。
〔註13〕　《清宣宗實錄》卷三四二，道光二十年十二月己巳，第 213 頁。
〔註14〕　《清宣宗實錄》卷三四二，道光二十年十二月庚午，第 214～215 頁。
〔註15〕　《清宣宗實錄》卷三四三，道光二十年十二月癸酉，第 218 頁。
〔註16〕　《清宣宗實錄》卷三四三，道光二十年十二月甲戌，第 220 頁。

潰。清宣宗深爲贊同，命訥爾經額督率兵勇如法堆砌，並督匠興造鐵炮，按隘口布置周密，以資防禦而壯軍威〔註17〕。同時，湖北提督劉允孝馳赴天津，會同訥爾經額加強防禦，理藩院尚書賽尚阿也至天津、山海關，會同訥爾經額查辦炮臺事宜〔註18〕。清宣宗在諭旨中說，天津爲畿輔咽喉，如兵力不足，即續行徵調，由於夷人蹤跡詭秘，恐其出我不意，登岸滋擾，訥爾經額務必密爲布置，派撥員弁隨時偵探，嚴密防守，毋稍疏虞〔註19〕。二月，賽尚阿勘察寧河北塘及豐潤、灤州、樂亭、昌黎、撫寧、臨楡等各州縣海口，或應增築炮臺，或應添設土壘，或應停辦甎石，或應拆去舊臺，宣宗命訥爾經額迅速檄飭承辦工員分別趕辦〔註20〕，至這年閏三月寧河等海口增添炮臺及大沽北岸炮臺竣工〔註21〕。

道光二十一年四月初六，指揮廣州之戰的靖逆將軍奕山向英軍投降，次日義律提出五項休戰條件，奕山全部接受，戰爭暫時處於休戰狀態。這時調往天津的軍隊也開始陸續撤離，根據訥爾經額所奏，天津大沽海口等處共調集兵丁6700餘名，擬留兵3300名防守外，其餘3400餘名裁撤歸伍，清宣宗命照訥爾經額所議辦理，其大沽、北塘兩處所留兵丁，由陳金綬、石生玉督飭管帶。訥爾經額隨時體察情形，如可陸續裁撤，再行奏明，量爲撤減。湖北提督劉允孝之前在天津督同防禦，這時也赴京陛見，再加本任〔註22〕。七月初十，英軍艦隊向廈門發起攻擊，廈門陷落。二十日，英軍留下部分軍艦和士兵駐守廈門，繼續北上。二十八日，清宣宗命訥爾經額馳赴天津，相機籌辦，萬一英船駛至，不可迎面攻擊，或於要口設伏，或兩面夾攻，以求全勝，並命北塘一帶及各處沿海居民，各自團練，眾志成城，保護家園〔註23〕。次日，清宣宗再次敕令訥爾經額調集總兵將領，面告作戰機宜，就各口岸應如何設兵應接，及逆夷登岸，如何四面兜剿盡殺等悉心商辦，並將所鑄大炮一一演試，而且對沿海州縣團練鄉勇一事作出要求，務必進可以戰，退可以守，如若稍有疏虞，致令生民受其荼毒，惟訥爾經額是問〔註24〕。

〔註17〕《清宣宗實錄》卷三四四，道光二十一年正月丙申，第241～242頁。
〔註18〕《清宣宗實錄》卷三四四，道光二十一年正月丁酉，第244頁。
〔註19〕《清宣宗實錄》卷三四四，道光二十一年正月辛丑，第248～249頁。
〔註20〕《清宣宗實錄》卷三四六，道光二十一年二月甲子，第269頁。
〔註21〕《清宣宗實錄》卷三五〇，道光二十一年閏三月己巳，第329頁。
〔註22〕《清宣宗實錄》卷三五三，道光二十一年六月己亥，第373頁。
〔註23〕《清宣宗實錄》卷三五四，道光二十一年七月庚辰，第397頁。
〔註24〕《清宣宗實錄》卷三五四，道光二十一年七月辛巳，第398～399頁。

　　道光二十一年八月，為加強天津防禦力量，清宣宗命富呢揚阿會同提督胡超，於陝西兵內挑選 2000 名，分起迅速啟程前赴天津，第一起由胡超管帶，其餘各起由曾經出師之將弁管帶前往〔註 25〕。當時，天津附近沿海一帶前後共調集官兵 7600 餘名，其中天津海口調集有大名鎮兵 800 名、宣化鎮兵 800 名、三屯協兵 400 名，俟 2000 名陝西兵到後，大名鎮、宣化鎮、三屯協開始撤防。清宣宗命訥爾經額馳往天津，務將一切防剿機宜豫為籌備，一有英國船進口，即行奮力攻擊，大加懲創，以摧夷魄而靖海疆〔註 26〕。清宣宗還對具體防守事宜做出了部署，令天津海口將一二千斤以下小炮分布要隘，如若英軍登岸，我軍即發炮轟擊，乘其倉皇踐踏之際，伏兵齊出，更用擡槍、烏槍、刀矛、火箭奮勇攻剿〔註 27〕。訥爾經額於北塘河面設置伏兵，層層策應，海口兩岸可以登陸之處，添空暗坑，後設伏兵，又於大沽河心暗釘木樁，水中橫堆鐵錨，沿岸安放鹿角，並勸諭紳士團練鄉勇，深得宣宗嘉許〔註 28〕。

　　道光二十一年九月，陝西固原提督胡超帶陝西兵 1000 名到達天津，訥爾經額將這 1000 名士兵駐守於距大沽海口三十餘里的葛沽地方，西可為天津郡城屏障，東可為大沽炮臺接應，南可控制滄州鹽山境內各小海口，聲勢相聯，防守嚴密〔註 29〕。為加強北塘口的軍事防禦，清宣宗命俟後起 1000 名陝西官兵到齊後，在大沽海口防兵內撥督標兵 300 名、正定鎮兵 200 名、大名鎮兵 100 名，前赴北塘防禦以壯聲威〔註 30〕。此外訥爾經額奏請再增加天津守軍數量，清宣宗即令軍機大臣於直隸各營內抽撥 3200 名，於外省營分抽調 2800 名，令訥爾經額分布坊堵以資經久〔註 31〕。道光二十一年十月，後起 1000 名陝西官兵到達天津，駐紮葛沽，為各路應援〔註 32〕。數日後，清宣宗命御前大臣僧格林沁、工部尚書賽尚阿、正白旗護軍統領巴清德，馳赴天津巡視海口〔註 33〕，並對新鑄大炮通過實彈射擊進行查驗〔註 34〕。當時大沽海口南北

〔註 25〕　《清宣宗實錄》卷三五五，道光二十一年八月壬午朔，第 402 頁。
〔註 26〕　《清宣宗實錄》卷三五五，道光二十一年八月癸未，第 403 頁；卷三五五，道光二十一年八月己丑，第 412 頁。
〔註 27〕　《清宣宗實錄》卷三五六，道光二十一年八月癸卯，第 426 頁。
〔註 28〕　《清宣宗實錄》卷三五六，道光二十一年八月甲辰，第 427 頁。
〔註 29〕　《清宣宗實錄》卷三五八，道光二十一年九月壬申，第 467 頁。
〔註 30〕　《清宣宗實錄》卷三五八，道光二十一年九月壬申，第 468 頁。
〔註 31〕　《清宣宗實錄》卷三五八，道光二十一年九月癸酉，第 468 頁。
〔註 32〕　《清宣宗實錄》卷三五九，道光二十一年十月壬午，第 482 頁。
〔註 33〕　《清宣宗實錄》卷三五九，道光二十一年十月戊子，第 487 頁。

炮臺駐兵 2500 餘名，爲加強防禦，將西沽新城駐紮原備後路官兵 600 名調歸大隊，西沽新城所駐直隸練勇 500 名、固原陝勇 500 名，責令胡超、陳金綬分派將弁，不時操演，後路則以胡超管帶之固原兵 2000 名留備策應。賀家口一帶地勢寬展，尚可屯兵備撥，令訥爾經額、胡超臨時履勘酌辦。這時已是十月，正當天氣嚴寒，每炮臺留 400 名兵丁守護，分作兩班，五日爲期，迴圈輪換〔註 35〕。除加強海上防禦外，天津城內的防守也得到加強，天津鎮左、右二營和天津城守營召募餘丁 1000 名添作新兵，並於救火局內挑選 1000 餘人，製造擡炮 100 杆，又分派鹽務巡役，協同地方官所派幹役，布列關廂內外加強巡邏〔註 36〕。

在東南沿海，自道光二十一年八月，定海、鎮海、寧波相繼陷落。九月初四，清宣宗命吏部尚書奕經爲揚威將軍，馳赴浙江前線。道光二十二年正月，清軍兵分三路，向定海、鎮海、寧波三城發起反攻，經過激烈戰鬥，三路清軍均未能收復城池，反攻失敗。道光二十二年四月，英軍艦隊開始北犯長江，乍浦、吳淞、鎮江之戰，清軍奮勇作戰，給英軍以沉重打擊。道光二十二年七月，英軍侵至江寧，面對英軍的攻勢，這時朝中主和派更加活躍，欽差大臣耆英受命往江寧商談議和事宜。七月二十四日，中、英代表在英艦「皋華麗」號上簽訂了《江寧條約》，鴉片戰爭結束。

第二節　作戰

清代，順治時期，天津地方有較大規模的抗清起義。順治元年五月初二，清軍進入京師，明朝投降官員於五里之外出迎〔註 37〕。五月十二日，清軍派固山額眞金礪梅勒、章京李率泰安撫天津等處民眾〔註 38〕。五月十八日，清軍以變節的明天津副將婁光先爲天津總兵官，招撫各城，稽核天津糧儲諸務〔註 39〕。五月二十三日，根據清和碩睿親王多爾袞所言，居庸關內外各城及天津、眞定等處皆歸附於清〔註 40〕。順治元年，清朝入關伊始，京東人民即奮起抗清

〔註 34〕《清宣宗實錄》卷三五九，道光二十一年十月癸巳，第 491～492 頁。
〔註 35〕《清宣宗實錄》卷三六〇，道光二十一年十月辛丑，第 499 頁。
〔註 36〕《清宣宗實錄》卷三六一，道光二十一年十一月辛酉，第 520 頁。
〔註 37〕《清世祖實錄》卷五，順治元年五月己丑，第 57 頁。
〔註 38〕《清世祖實錄》卷五，順治元年五月己亥，第 58 頁。
〔註 39〕《清世祖實錄》卷五，順治元年五月乙巳，第 59 頁。
〔註 40〕《清世祖實錄》卷五，順治元年五月庚戌，第 59 頁。

〔註 41〕。順治四年，靜海等處民眾舉行抗清起義，天津巡撫張忻率兵鎮壓，被抗清民眾擊敗，張忻被降二級，調外用〔註 42〕，清廷將安慶巡撫李猶龍改任天津巡撫〔註 43〕。順治五年，天津爆發抗清起義，義軍女首領張氏自稱為明熹宗皇后，藉此號召民眾奮起抗清，義軍首領還有土禮、張天保等人，由於行動洩密，三人被清廷抓獲，起義失敗〔註 44〕。這支義軍雖然失敗，常元輔所率義軍又開始興起，常元輔號稱威武王，謀劃進攻津東一帶，天津總兵官蘇屏翰率兵對義軍進行征剿，義軍全部陣亡，常元輔被俘，起義失敗〔註 45〕。順治五年八月，清廷命和碩英親王阿濟格、多羅承澤郡王碩塞、多羅貝勒尼堪、貝子尚善公岳樂等統兵，繼續征剿天津抗清義軍〔註 46〕，天津巡撫李猶龍與抗清義軍有密切交往，赴義軍軍營會飲，被革職為民〔註 47〕，天津游擊孔道興也被義軍擊斃〔註 48〕。順治六年七月，清廷再次命梅勒章京吳喇禪率兵，與通州總兵自天津水路會剿趙堡口澱義軍〔註 49〕，天津游擊趙成功在與義軍作戰中身亡〔註 50〕。不僅天津各路義軍蜂起，這一時期整個直隸地區的抗清起義前赴後繼，給清廷以一定打擊。此後，至鴉片戰爭前，天津地方無較大戰事。

第三節　維護治安

在清代，綠營兵承擔有緝捕盜賊、維護治安的責任，這些事務本應由州縣民壯、番快承擔，然而清代統治者處於節省財力的考慮，州縣僅備有少量的民壯、番快，無力承擔維護社會治安的責任，因此這部分責任轉由綠營兵承擔。康熙二十年六月，清聖祖說，薊州、玉田、豐潤、遵化、霸州、保定等地民居稠密，所以盜賊頗多，於是命九卿詳議官員捕盜之例，「凡道路村莊

〔註 41〕《清世祖實錄》卷六，順治元年七月丁未，第 71 頁。
〔註 42〕《清世祖實錄》卷三四，順治四年九月戊申，第 278 頁。
〔註 43〕《清世祖實錄》卷三四，順治四年九月丁巳，第 278 頁。
〔註 44〕《清世祖實錄》卷三八，順治五年五月戊子，第 310 頁。
〔註 45〕《清世祖實錄》卷四〇，順治五年八月甲午，第 317 頁。
〔註 46〕《清世祖實錄》卷四〇，順治五年八月乙巳，第 318 頁。
〔註 47〕《清世祖實錄》卷四〇，順治五年八月辛酉，第 321 頁。
〔註 48〕《清世祖實錄》卷四四，順治六年五月庚辰，第 353 頁。
〔註 49〕《清世祖實錄》卷四五，順治六年七月癸酉，第 359 頁。
〔註 50〕《清世祖實錄》卷四八，順治七年四月癸卯，第 388 頁。

失事，承緝州縣官及專汛武職一年限滿不獲，降一級留任，再限一年緝挐。無級可降之官革職，仍留任，再限一年緝挐。如再不獲，分別調用、革任。其同城之知府與捕盜之同知、通判，初參停升，罰俸六個月，限一年緝挐。如不獲，罰俸一年，照案緝挐。道官及兼轄武職，初參罰俸六個月，免其停升，限一年緝挐，限滿不獲，罰俸一年。若未滿一年之限、升遷者，照離任官例，於新任內罰俸一年」〔註51〕。

雍正七年三月，清世宗稱由於京城禁止賭博、宰牛，而通州、天津五方雜處，所以游手不法之徒竄匿通州、天津等地，私開賭局，擅殺耕牛。爲禁絕不良之風，清世宗命天津總兵官、天津巡鹽御史、天津道嚴格稽查天津地方的違禁之事，如各官不實心稽查，致有疏縱，皇帝將差侍衛御史等挐獲不法之徒，並將天津總兵官、天津巡鹽御史、天津道各官嚴加議處〔註52〕。

茲將筆者所見清代天津綠營兵緝捕盜賊、維護治安的記載製成下表：

表 8-1　清代天津綠營兵維護治安情況一覽表

時間	事項	執行情況	資料來源
康熙二十年	緝捕玉田、豐潤、遵化、薊州、霸州、保定等處盜賊。	「州縣官及專汛武職，一年限滿不獲，降一級留任，再限一年緝挐，無級可降之官革職，仍留任，再限一年緝挐。如再不獲，分別調用革任」。	《清聖祖實錄》卷九六，康熙二十年六月甲申。
雍正七年	稽查天津私開鬥局、擅宰耕牛等事。	「若有賭博等情，該管汛地文武各員不得辭其責，一經發覺，決不寬貸」。	《清世宗實錄》卷七九，雍正七年三月戊午。
乾隆五年	防護村社、田畝。	不詳	《清高宗實錄》卷一一一，乾隆五年二月丙申。
乾隆五十二年	劉權之家眷船隻被劫案。	都司劉法程等在河西務地方挐獲盜賊趙魁、解有德二名。	《清高宗實錄》卷一二九一，乾隆五十二年十月己未。
道光二年	盜砍風水山樹木。	看守外委李之懋、鄧用富聽任旗人尹同等肆行盜運，徇情故縱。	《清宣宗實錄》卷三三，道光二年四月丁未。
道光十四年	劉起旺等在玉田、遵化、薊州、寶坻等處傳習紅陽教。	州縣各官會同營兵將劉起旺等緝獲。	《清宣宗實錄》卷二五四，道光十四年七月壬申。

〔註51〕《清聖祖實錄》卷九六，康熙二十年六月甲申，第1212頁。
〔註52〕《清世宗實錄》卷七九，雍正七年三月戊午，第39頁。

第四節　各項差役

一、防守之役

與明代一樣，清代天津地區的軍士兵也承擔有護河、修堤的差役，根據康熙《河間府志》記載，天津衛淺夫有 100 名，天津左衛有淺夫 140 名，天津右衛有淺夫 50 名〔註 53〕。康熙三十三年，運河、渾河決堤，民田淹沒，清聖祖命直隸巡撫郭世隆、天津總兵官李鎮鼎會同倉場侍郎常書，自通州至西沽，再自西沽至霸州，決口宜修之處，閱視明白，速行修築〔註 54〕。

清代在薊州建有榮親王園寢、恒親王園寢、悼妃園寢、端惠太子園寢等眾多皇家園寢，又建有白澗行宮、桃花寺行宮、隆福寺行宮，以上各處設有數目不等的兵卒進行守衛。不僅園寢和行宮需要守衛，而且陵寢周圍的風水之地也有兵守衛，乾隆七年四月，據馬蘭鎮總兵官副都統布蘭泰所奏，「黃崖關屬之低頭鞍、黃土梁邊空二處，並黃花山營屬之歡喜嶺、奔牛山前面均虞私越，現亦於營汎防兵內各徹六名，前往防守，並以黃花山爲風水要阨，酌添額外外委名，往來遊巡」〔註 55〕。在皇帝巡幸薊州時，兵丁需要從事與迎送相關的各種勞役，如《清高宗實錄》記載，乾隆五十六年三月，乾隆帝下旨：「此次巡幸盤山，途中適霈春膏，所有墊道兵丁等亦著查明，每名賞給銀二兩，以示體恤」〔註 56〕。嘉慶二年三月，太上皇帝又下旨，「此次巡幸盤山，所有清道當差兵丁著加恩每人賞給一兩重銀錁一個，以示體恤」〔註 57〕。由此可知盤山等處兵丁不僅要看守行宮，而且還從事各項相關的差役。道光八年三月，經查朱華山千總王靖祥衙署內收存大柁檀柱、椽木共計 400 餘件，由於陵寢數目須敬謹守護，而王靖祥竟私自砍伐，所以被革職審訊〔註 58〕。這些守衛行宮、園寢和風水之地的兵卒實際上已脫離了軍事戰鬥序列，日復一日地承擔著守衛的差役。

清代雍正二年，在天津衛北修建倉廒 48 座，稱爲北倉，每年截留漕糧，以備賑濟〔註 59〕。嘉慶十三年七月，爲守護北倉米糧，清仁宗命「天津鎮總

〔註 53〕王奐、徐可先：（康熙）《河間府志》卷四《河道志・淺夫》，康熙十七年刻本，第 20 頁。
〔註 54〕《清聖祖實錄》卷一六二，康熙三十三年二月甲申，第 774 頁。
〔註 55〕《清高宗實錄》卷一六五，乾隆七年四月戊午，第 90～91 頁。
〔註 56〕《清高宗實錄》卷一三七四，乾隆五十六年三月辛巳，第 441 頁。
〔註 57〕《清高宗實錄》卷一四九六，嘉慶二年三月庚戌，第 1033 頁。
〔註 58〕《清宣宗實錄》卷一三四，道光八年三月辛丑，第 41 頁。
〔註 59〕王守恂：《天津政俗沿革記》卷六《田賦・倉廒》，第 30 頁。

兵本智酌撥官兵分派防守，晝夜巡邏，並於倉廠四角俱添蓋兵房數間，俾資棲止。如有偷竊情事，即行嚴拿懲辦。總兵亦當不時親往查察，無蹈疏縱之咎」〔註60〕。

二、捕蝗之役

清代天津地區蝗災頻發，遇到蝗災之時，天津總兵官往往負有督率兵卒捕滅蝗蝻的責任，史書中相關記載很多，茲將筆者所見清代天津官兵參加捕蝗的記載製成下表。

表 8-2　清代天津地區官兵參加捕蝗活動一覽表

時間	蝗災地域	捕滅情況	資料來源
乾隆四年	青縣、靜海、霸州、武清等縣。	著地方文、武官弁加緊撲滅，毋使滋蔓。	《清高宗實錄》卷九一，乾隆四年四月癸卯。
乾隆十七年	天津府、河間府。	天津總兵吉慶「通飭文、武計日守捕」。	《清高宗實錄》卷四一六，乾隆十七年六月乙未。
		天津總兵吉慶「分派鹽屬官員及鎮標將弁分途撲滅」。	《清高宗實錄》卷四一八，乾隆十七年七月癸亥。
		靜海縣守備徐雲龍等俱能實力搜捕。	《清高宗實錄》卷四一八，乾隆十七年七月甲子。
乾隆二十四年	薊州、寶坻等縣。	千總、外委同佐雜分捕，參將偕監司巡察勤惰。	《清史稿》卷三〇二《劉綸傳》。
乾隆三十五年	天津、薊州、寶坻等處。	文、武各官董率屬員，剋期撲滅淨盡。	《清高宗實錄》卷八六〇，乾隆三十五年閏五月辛亥。
乾隆三十九年	未發生蝗災，先行查勘。	天津總兵永昌「派妥幹員弁實力察勘，如有蝻子萌生，立即設法撲滅」。	《清高宗實錄》卷九五五，乾隆三十九年三月辛巳。
嘉慶六年	薊州	知州趙宜霖會同署都司劉天相等分段圈捕。	《清仁宗實錄》卷八五，嘉慶六年七月己亥。

〔註60〕沈家本、徐宗亮：（光緒）《重修天津府志》卷一《皇言一·詔諭》，第 618 頁。

　　清代天津地區軍隊多次承擔捕滅蝗蝻的任務，這對軍隊而言是本職以外的差役，然而天津地區軍隊大規模、有組織地捕滅蝗蝻，對於降低病蟲害對農業的危害、保護農業發展具有積極意義。

　　除上述幾類差役外，馬蘭鎮所屬薊州、遵化等處兵丁仕清代還成一項很特別的差役，這些地方每年要向宮裏進呈野雞蛋，所以派令兵丁沿山尋覓，甚是煩勞。至道光元年，清宣宗命馬蘭鎮總兵將所屬兵丁認真操練，各兵弁對馬步、弓箭、槍牌務期均臻純熟。為使兵弁能著實操練，清宣宗命令自道光二年起，進呈野雞蛋永遠停止〔註61〕。

〔註61〕《清宣宗實錄》卷二七，道光元年十二月壬午，第480頁。

第九章　清代天津地區駐軍的武器裝備

第一節　清代天津地區駐軍的武器

　　《清高宗實錄》記載，乾隆八年六月，天津水師營都統阿揚阿奏稱天津兵丁所用弓箭撒袋年久，率多破爛，請出部製造發給，於兵丁錢糧內坐扣。清高宗認為外省兵丁軍器損壞，應由本處酌量修造，且天津生息銀兩頗多，原為接濟兵丁而設，可酌量撥用生息銀修造軍器，免令兵丁賠補，或者寬展限期，於兵丁錢糧內陸續坐扣〔註1〕。由此可知，清代天津駐軍軍器製造、維修費用由天津軍隊自籌，或由生息銀撥用，或於兵丁錢糧內扣除。

　　《大清會典則例》記載，康熙四十二年，朝廷規定了沿海各營汛的船隻數量，以備官弁遊巡，其中直隸地方的天津駐防左營配備趕繒船八隻〔註2〕。雍正三年，擬設立天津水師營時，和碩怡親王議覆天津水師營裝備大、小趕繒船各16隻，分配官兵，分為兩班操演，趕繒船各配杉板船一隻，共需杉板船32隻，雇募駕船頭舵水手，令兵丁學習熟練〔註3〕。關於天津趕繒船的規格，雍正十年議准，「直隸天津水師營大、小趕繒船身長七丈四尺，板厚二寸九分；身長八丈六尺，板厚三寸；身長六丈五尺，板厚二寸六分」，每板一尺概用三釘。戰船寬九尺六寸至二丈三尺五寸有差，令道員會同副、參等官監督。「天津大趕繒船每船用梗木棍十五根，舵牙二根，水藤一百五十斤，竹篾一百五十斤。小趕繒船每船用梗木棍十五根，舵牙二根，水藤一百三十斤，竹篾一百三十斤。

〔註1〕　《清高宗實錄》卷一九四，乾隆八年六月乙卯，第490～491頁。
〔註2〕　《大清會典則例》卷一一五《兵部・職方清吏司・巡防》，第438～439頁。
〔註3〕　《清世宗實錄》卷三九，雍正三年十二月己巳，第566頁。

各船收操之後，詳加察驗，果有損傷，照數更換，驗無損傷，仍責令收貯備用」。雍正十三年議准，天津戰船需用繩索按年增換，風篷定爲來年更換，所遺舊篷等項照江省例變價湊用〔註4〕。《清高宗實錄》記載，乾隆十年七月，清高宗諭軍機大臣等：「委送戰船到津之參將，向來俱照豫行保舉例，註冊陞用。今福建督標水師營參將劉使送船到津，該部帶領引見，朕看其人平常，未必能勝副將之任。爾等可寄信與瑪律泰，令其將該員平日居官如何之處據實奏聞。」〔註5〕根據這條史料，我們可以知道天津戰船多從福建運送而來。

關於戰船的修造，天津戰船屬於外海船隻，「定限三年小修，六年大修，九年再大修，不堪修者更造」，「其修造之費，有正價，有津貼，正價各以其直，無定額，津貼每正價百兩，自加四、加六、加八至加倍、倍半有差，由工部准兵部移諮核覆修造，各令本省道員會同副將、參將等官弁監造，工竣報部題銷。」〔註6〕。雍正十年議准，「各省修造戰船，由督、撫、提、鎮委副、參，會同文職道、府領價督修，委都司協同文職府佐等辦料修造，如係將軍標下之船，委參領以下等官同領同辦。凡屆修造之年，各該營於五月前將應小修、大修、拆造之船分晰呈報，該上司照例題諮承修官照額定小修、大修、拆造價直備具冊結支領」，其中天津於八月前領銀備料，「於屆修前一月底將船駕赴廠所，承修官即於次月興工，依限報竣。如該營員於屆修造之年不依限申報，及屆修之前一月底不將船駕赴廠所者，皆照遲延事件例議處。若承修官玩視船工，將價直延挨請領者，降一級調用。該上司故意留難以致遲延者，將該上司降二級調用，承修官免議」〔註7〕。

第二節　清代天津地區的軍馬

清代綠營馬匹可分爲兩類，一爲官例馬，自提督以下綠營軍官都備有相應數目的馬匹；二爲騎操馬，即馬兵騎操的馬匹。《重修天津府志》記載有清代天津鎮標營、天津城守營、四黨口營、靜海營、葛沽營等綠營的軍馬配置情況，如下表所示：

〔註4〕嵇璜、劉墉：《欽定皇朝文獻通考》卷一九四《兵考十六·戰船》，第474～475頁。

〔註5〕《清高宗實錄》卷二四五，乾隆十年七月庚寅，第162頁。

〔註6〕嵇璜、劉墉：《欽定皇朝文獻通考》卷一九四《兵考十六·戰船》，第472頁。

〔註7〕《大清會典則例》卷一一五《兵部·職方清吏司·巡防》，第440～441頁。

表 9-1　清代天津綠營軍馬配置情況

	官例（匹）	營馬（匹）	每匹軍馬年支乾銀（兩）	每年共支乾銀（兩）	備註
天津鎮標左、右營	42	219	8.4	2192.4	原文記作官例歲支乾銀 352.4 兩，營馬歲支乾銀 1839.6 兩，合計 2192 兩。以每匹軍馬歲支乾銀 8.4 兩計算，官例歲支乾銀應為 352.8 兩，營馬歲支乾銀 1839.6 兩，合計 2192.4 兩。
天津城守營	14	120	8.4	1125.6	
四黨口營	14	84	8.388	822.024	原文記作官例歲支乾銀 117.6 兩，營馬歲支乾銀 704.592 兩，合計 822.192 兩。以每匹軍馬歲支乾銀 8.388 兩計算，官例歲支乾銀應為 117.432 兩，營馬歲支乾銀 704.592 兩，合計 822.024 兩。
靜海營	8	18	8.4	218.4	
葛沽營	10	86	8.4	806.4	

注：上表根據光緒《重修天津府志》卷三六《經政十‧兵防‧武職俸餉》製成。

　　上表中天津鎮標左、右營，天津城守營馬匹均歲支馬乾 8.4 兩，關於這 8.4 兩馬乾的具體支用情況，《清高宗實錄》記載，「天津鎮標左、右、城守三營，大沽等四營，每馬一匹，夏、秋月支銀五錢，冬、春月支銀九錢」，夏、秋每月支銀五錢，冬、春每月支銀九錢，每匹軍馬每年所支馬乾即為 8.4 兩。乾隆帝認為天津鎮標左右二營、天津城守營、大沽營、王慶坨營地處水濱，為九河下梢，連年遭值水患，田禾淹浸，深可軫念，所以將天津鎮標左右二營、天津城守營、大沽營、王慶坨營實在差操馬兵 314 名，冬、春二季每月應支乾銀九錢外，加賞銀三錢，至次年夏季仍照舊例關支，以使兵丁等寒天牧馬不致拮据〔註 8〕。

　　《清世宗實錄》記載，雍正七年三月，天津水師營都統拉錫奏言，「天津州水師營滿洲兵丁 2000 名，雖係水師，亦不可不熟習弓馬，且駐防海口，沿海一帶遇有追捕賊盜之事，若無馬匹，尤為不便」。議政王大臣等議覆後，

〔註 8〕《清高宗實錄》卷七八，乾隆三年十月丙戌，第 232～233 頁。

奏請天津水師營兵丁拴養馬 200 匹，給與餵養錢糧，清世宗採納了這一建議〔註9〕。至乾隆二十九年十一月，天津水師營都統富阿稱天津水師營有馬 400 匹〔註10〕，可見這時天津水師營的馬匹比雍正時期增加了一倍。乾隆三十二年三月，天津水師營拴養馬 400 匹中，缺額 23 匹，實存馬 377 匹〔註11〕。

　　乾隆二十八年三月，天津水師營都統長生奏稱，「天津近年草、豆昂貴，月給二兩餵養銀不敷，擬留馬三十二匹備差，餘全令出青，每年餵養銀，四月至九月發給一兩五錢，十月至次年三月二兩五錢，令兵豫買，不至臨時昂貴」，經軍機大臣議准後，清高宗允准了這一建議〔註12〕。根據這條史料，屬於八旗的天津水師營馬匹每年餵養銀為 24 兩，而綠營馬匹歲支馬乾 8.4 兩，綠營馬匹待遇僅為八旗馬匹待遇的 1／3 強，由此可見綠營與八旗在清代地位相差懸殊。

　　關於天津水師營馬匹的餵養，如前所述，乾隆二十八年三月，天津水師營都統長生奏請，「擬留馬三十二匹備差，餘全令出青，每年餵養銀，四月至九月發給一兩五錢，十月至次年三月二兩五錢，令兵豫買，不至臨時昂貴」。根據這一建議，天津水師營馬匹除留 32 匹供騎乘外，其餘每年四月放牧，至九月撤回，每年放牧 6 個月。乾隆二十九年十一月，天津水師營都統富當阿奏請將天津水師營滿洲八旗 24 佐領設立 4 圈，蒙古 6 佐領設立 2 圈，每圈派官 2 員、兵 12 名，將官馬 400 匹均分餵養，以備操演、騎射。經軍機大臣議覆後，清高宗採納了這一建議〔註13〕。乾隆三十年七月，天津水師營都統富當阿認為天津為斥鹵之地，野草早凋，奏請每年馬匹九月初即撤回，每年牧放五月〔註14〕。

　　《清高宗實錄》記載，乾隆元年二月，天津水師營都統阿揚阿奏稱，天津水師營「兵丁每月恩賞米石，足敷養贍，其向有買補口糧銀兩一項，請作為採買馬匹之用，無庸赴部另支。馬乾銀兩核有餘剩，請入於滋生銀內生息」。經總理事務王大臣議覆後，清高宗採納了這一建議〔註15〕。

〔註9〕《清世宗實錄》卷七九，雍正七年三月甲子，第 41 頁。

〔註10〕《清高宗實錄》卷七二二，乾隆二十九年十一月壬戌，第 52 頁。

〔註11〕《清高宗實錄》卷七八〇，乾隆三十二年三月庚午，第 584 頁。

〔註12〕《清高宗實錄》卷六八三，乾隆二十八年三月丙子，第 642 頁。

〔註13〕《清高宗實錄》卷七二二，乾隆二十九年十一月壬戌，第 1052 頁。

〔註14〕《清高宗實錄》卷七四〇，乾隆三十年七月乙酉，第 153～154 頁。

〔註15〕《清高宗實錄》卷一三，乾隆元年二月壬午，第 378 頁。

第十章 清代天津地區軍事工程

第一節 城池

一、天津城

　　經過明代多次修築，天津衛城的規模已基本確定，進入清代後，根據城池的損毀狀況和城市的實際需要，天津城池經過幾次較大規模的修葺。根據《新校天津衛志》記載，順治十年，天津衛城被大水浸泡，城牆兩面坍塌，天津總兵甘應祥、天津兵備副使梁應元主持對城牆進行了重修〔註1〕。康熙十三年，天津衛城進行了較大規模的整修，整修範圍包括：（一）因民居靠近城牆，有礙馬道，且城樓內藏有火藥，深爲不便，所以天津總兵趙良棟令民居靠近城牆者盡行拆毀，離城三丈內不許民間起蓋房屋。（二）對城壕進行了疏濬，不許填塞，並在城東南角建石閘一座，引海河潮水環城四周，由南城水門入城，水門上刻有「引汲受福」四字。（三）天津衛城四門之前分別稱爲「鎮東」、「定南」、「安西」、「拱北」，經過康熙十三年整修後，分別改稱「東連滄海」、「南達江淮」、「西引太行」、「北拱神京」〔註2〕。

　　至雍正三年，天津衛城、壕損毀嚴重，鹽商安尚義、安岐父子願捐資修修葺，經巡鹽御史莽鵠立題請後，雍正帝同意了這一善舉，並要求天津同城各官實心幫助，於是在舊基址上重新築城濬壕，東距海河 220 步，北抵衛河 200 步，經過這次修築，城牆東西長約 504 丈（二里八分），南北長約 315 丈

〔註1〕薛柱斗、高必大：《新校天津衛志》卷一《建置‧城池》，第 54 頁。
〔註2〕李梅賓、吳廷華：（乾隆）《天津府志》卷七《城池公署志》，第 160 頁。

（一里八分），全長 1626.6 丈（九里二分），垣高 1.98 丈，垛高 0.42 丈，共計 2.4 丈；基廣 3.2 丈，上廣 1.9 丈，垛 1454 個。四個城門也重新命名，東曰「鎮海」，南曰「歸極」，北曰「帶河」，西門奉旨賜名「衛安」〔註3〕。西門單獨受賜名稱「衛安」，或許有對安尚義、安岐父子褒獎之意。

　　康熙十三年，天津衛城重修時，修有水閘，日久之後木朽石傾，閘不能制水，護城河也逐漸淤塞。雍正時期，天津首任知府李梅賓曾對護城河進行疏濬，未竣工而離任。之後程鳳文於乾隆元年繼任天津知府，繼續對護城河進行疏濬，親自監督工程進展，一月之間即疏濬完畢，「清流洋溢，左環右繞，儼乎金湯之固矣」〔註4〕。乾隆時期，天津城池經過數次程度不同的修葺，分別爲乾隆十一年、乾隆十七年、乾隆二十四年、乾隆二十九年、乾隆三十一年、乾隆三十九年、乾隆四十九年、乾隆五十五年。嘉慶六年，大水淹天津城磚 20 餘級，城東、西、北三面坍塌，長數丈至數十丈不等，西南、西北兩角樓亦傾圮坼裂，總督奏請修理〔註5〕。以上是清代鴉片戰爭前天津城的修葺狀況，現根據相關史料將清代鴉片戰爭前天津城的受損情況製成下表，以便與歷次修葺狀況對應參照。

表 10-1　清代天津城受損概況

時間	受損原因	受損狀況	資料來源
順治十年、十一年	水災	淹城磚十七層。	乾隆《天津縣志》卷二《星土志》
康熙七年	水災	淹城磚十六層。	
雍正三年	水災	淹城磚十三層。	（同治）《續天津縣志》卷一《星土祥異》，卷三《城池》。
乾隆十三年	水災	淹城磚數層。	
乾隆二十六年	水災	水漲圍城。	
乾隆三十五年	水災	水灌城南，淹城磚十餘層。	
嘉慶六年	水災	淹城磚二十餘層，城東、西、北三面坍塌，西南、西北兩角樓傾圮坼裂。	

〔註3〕李梅賓、吳廷華：（乾隆）《天津府志》卷七《城池公署志》，第 160 頁。
〔註4〕朱奎揚、吳廷華：（乾隆）《天津縣志》卷二一《藝文志·重修天津護城河閘碑記》，第 221～222 頁。
〔註5〕吳惠元、俞樾：（同治）《續天津縣志》卷一《星土祥異》，第 283 頁；沈家本、徐宗亮：（光緒）《重修天津府志》卷二三《輿地五·城鄉·府城圖說》，第 963～964 頁。

二、薊州城

　　清代康熙初年薊州城垣已受損嚴重，「城垣頹壞，門闥殘破」。康熙十一年，直隸巡撫金世德奏請對薊州城進行修葺，得到清聖祖的批准，然而時值吳三桂之亂爆發，由於軍費耗費巨大，所以薊州城維修工程被迫停止〔註6〕。康熙十八年，薊州遭遇地震，西門甕城倒塌，而且其側地勢凹陷如深井，城垣上又常有磚石墜下，砸傷行人。由於工程浩大，需費甚鉅，所以此次受損後薊州城垣長期未得到修復。康熙三十三年三月張朝琮出任薊州知州，情況得以改變，根據計算，維修所需磚灰、木料、工役之類需銀千兩，張朝琮先發銀各窯戶，令其燒製磚灰，又置簿勸輸，由薊州官員、士民捐資助工，得銀 200 餘兩，不足部分由張朝琮本人捐資、籌措。維修工程於康熙二十三年五月十九日動工，三月後工程竣工，堅固一如其舊〔註7〕。除甕城之外，張朝琮還對薊州城東、南二門進行了修葺，此外薊州城有水溝二道以宣洩城內雨水，一在東門之南，一在南門之東，久已淤塞。每遇天雨，水從城門而出，街道成河。康熙三十四年，張朝琮對水溝進行了疏濬，水可暢流，闔城便之〔註8〕。由於財力不足，這次修葺並不是徹底整修，正如張朝琮所言，「未能及當日之宏麗者，貧吏力有不逮耳。若夫隨時葺補，毋使傾圮，實有望於後來之賢者」〔註9〕。

　　康熙三十九年十二月，清聖祖謁陵回鑾時，薊州士民鍾良輔、李文錦等稱薊州城損毀嚴重，請求對城垣進行修復。康熙四十年二月，清聖祖下旨，命阿爾法、清格理主持對薊州城垣進行維修，工程於康熙四十一年三月初六動工，同年九月竣工，東、南、西三面各建城樓一座，分別命名為「永固」、「永康」、「永寧」，城垣四角各建角樓一座，正北城上建北極樓一座，雉堞 2270，經過這次修葺，薊州城垣面貌一新〔註10〕。雍正七年二月，清世宗在諭旨中稱：「薊州城垣新經修理，微有頹壞之處，若及時補葺，甚屬易事。倘視為膜外，任意遲延，日久益隳，必致煩費。其城垣倒塌之處，著該州即行

〔註6〕張朝琮、鄔棠：（康熙）《薊州志》卷二《建設志‧城池》，第5頁。
〔註7〕張朝琮、鄔棠：（康熙）《薊州志》卷八《藝文志‧碑記‧重修甕城記》，第8頁。
〔註8〕張朝琮、鄔棠：（康熙）《薊州志》卷二《建設志‧城池》，第4～5頁。
〔註9〕張朝琮、鄔棠：（康熙）《薊州志》卷八《藝文志‧碑記‧重修甕城記》，第8頁。
〔註10〕張朝琮、鄔棠：（康熙）《薊州志》卷二《建設志‧城池》，第6頁。

修補，嗣後該州遇有陞轉、離任等事，將城垣有無頹壞，與接任官交代，若交代不明，即著落前任官修補，將此旨傳諭伊等，再傳諭內閣，凡直省有新修城垣，皆照此例行。」〔註11〕根據這條史料，我們知道雍正七年之前薊州城垣經過修葺，爲保證對城垣的維護，清世宗要求若城垣微有頹壞之處，即及時修葺，官員在升遷、調動時，要將城垣有無頹壞交代清楚。雍正《畿輔通志》記載，康熙四十九年薊州城又進行了一次修葺，康熙五十二年對東門等處城垣進行修葺〔註12〕。乾隆《大清一統志》記載，乾隆三年、乾隆九年、乾隆十六年三次對薊州城進行了修葺〔註13〕。此外，《清高宗實錄》記載，乾隆三十一年對直隸薊州、通州、拱極、三河、盧龍、永年、磁州、獲鹿等八處城池進行修護〔註14〕。嘉慶十五年，薊州知州趙錫蒲對護城河進行挑挖疏濬，並於堤岸栽種柳樹以保護河堤，至道光時期護城河再次淤塞〔註15〕。

第二節　其他軍事設施

清代天津教場位於西門外西北隅，修建有演武廳五間、將臺一座、旗纛廟一座、關帝廟一座、火神廟一座，天津鎮左、右二營與天津城守營即在此演練〔註16〕。乾隆《天津府志》記載，教場修有教場有演武廳五間，正面牌坊一座，東、西牌坊各一座，將臺一座，旗纛廟一座（演武廳東）、旗杆一對、關帝廟一座（演武廳後）、火神廟一座（演武廳東）〔註17〕。乾隆《天津縣志》則記載，教場有演武廳三間，正面牌坊一座，東、西牌坊各一座，將臺一座〔註18〕。由上述記載，我們知道乾隆初年天津教場增置牌坊三座，

〔註11〕《清世宗實錄》卷七八，雍正七年二月丙戌，第17頁。

〔註12〕唐執玉、陳儀：（雍正）《畿輔通志》卷二五《城池·順天府》，第556頁。

〔註13〕和珅：（乾隆）《大清一統志》卷五《順天府·順天府》，第109頁。

〔註14〕《清高宗實錄》卷七五五，乾隆三十一年二月己巳，第322頁。

〔註15〕沈銳、章過：（道光）《薊州志》卷三《建置志·城池》，第16頁。

〔註16〕薛柱斗、高必大：《新校天津衛志》卷一《建置·教場》，第57頁。原文記載，「舊建在東門外東南隅，今新建在西門外西北隅」。查閱萬曆《河間府志》卷三《宮室志·公署》，也有相同的記載，「演武場二所，舊建在城外東南隅，新建在城外西北隅」。由此可見《新校天津衛志》沿襲前志而來，實際上最晚至明代萬曆四十三年，天津教場已遷至西門外西北隅，而非清代康熙時期才搬遷。

〔註17〕李梅賓、吳廷華：（乾隆）《天津府志》卷七《城池公署志》，第164頁。

〔註18〕朱奎揚、吳廷華：（乾隆）《天津縣志》卷七《城池公署志》，第73頁。

乾隆《天津府志》還明確記載了關帝廟、火神廟、旗纛廟的具體方位，而與乾隆《天津府志》同時成書的乾隆《天津縣志》中，演武廳僅爲三間，而且缺少帝廟、火神廟、旗纛廟的記載。由於乾隆《天津府志》記載詳細、明確，所以應該更爲可信，而乾隆《天津縣志》則相對疏略。根據出進學《重修天津閱武廳碑記》記載，至康熙十一年時，演武廳傾圮嚴重，這年三月至五月，天津總兵田進學主持對演武廳進行了修葺〔註19〕。天津水師營設立後，雍正七年建官廟二座，以所剩磚、木等料，於北門外建小箭亭三間、守兵住房四間，爲官弁操練之所，日久坍壞，而且地方狹隘卑下，操演鳥槍陣式殊多不便。乾隆三十一年六月，天津水師營都統富當阿奏請將舊教場房屋拆毀，改建於南門外寬阜地方，費用於本年節省銀內動撥〔註20〕。乾隆《武清縣志》記載，武清縣教場由武清知縣章曾印置於康熙四十三年，位於武清縣東門外藥王廟東北，計地八畝〔註21〕。薊州演武廳進入清代後已不復存在，其基址位於旗人圈地之內，道光《薊州志》記載當時教場位於東門外城根下，房、臺俱無〔註22〕。

崇禎十二年，天津衛城外修築炮臺七座，至清代康熙十四年之前天津鎮總兵趙良棟命各炮臺由 10 名兵卒晝夜防守〔註23〕。乾隆《天津府志》記載，天津縣七座炮臺分別位於海光寺西、馮家口、三岔河口北、窯窪河南、西沽、河北邵公莊、雙忠廟〔註24〕。

根據乾隆《天津府志》記載，爲傳遞軍情，天津地區多處修築有墩臺，位於天津縣的墩臺有西沽、唐家灣、北倉、韓家樹、蔡家口、榆樹墳、疙疸、羊家井、三河頭等處，位於靜海縣的墩臺有羊糞港、五里鋪、七里鋪、小店子、唐官屯（二座）、陳官屯等處〔註25〕。乾隆《武清縣志》記載，武清縣有墩撥 10 處，均由武清知縣吳狪修建於乾隆五年，其中王家堡、蔡村、老米店三處爲水路，瓦屋、沙河、張家莊、王家莊、韓家營、頓邱、黃莊七處爲陸路，以上 10 處墩撥各設有墩臺一座、望高樓一間、煙墩五座、告示房一間、

〔註19〕 薛柱斗、高必大：《新校天津衛志》卷四《藝文中·記·重修天津閱武廳碑記》，第 253〜254 頁。
〔註20〕 《清高宗實錄》卷七六二，乾隆三十一年六月壬子，第 381 頁。
〔註21〕 吳狪：（乾隆）《武清縣志》卷三《武備》，第 42 頁。
〔註22〕 沈銳、章過：（道光）《薊州志》卷三《建置志·官署》，第 17 頁。
〔註23〕 薛柱斗、高必大：《新校天津衛志》卷一《建置·炮臺》，第 55 頁。
〔註24〕 李梅賓、吳廷華：（乾隆）《天津府志》卷一五《兵制志》，第 254 頁。
〔註25〕 李梅賓、吳廷華：（乾隆）《天津府志》卷一五《兵制志》，第 254 頁。

營房十一間、門樓一間。此外，武清縣東沽港、義光、泗村店、大營、黃花店、修家莊、空城、郭家莊、掘河店、忠義村、東栢等11處營汛，各設有每處墩臺一座、土房十間，也由知縣吳翀修建於乾隆五年〔註26〕。

　　進入清代後，由於滿蒙聯姻，長城不再成為防禦蒙古族入侵的屏障，雖然清代不再修築長城，然而仍對明代所築邊牆進行維修。康熙《薊州志》記載，清代薊州黃崖關所屬邊牆長93里，東起攔馬牆，西至松棚頂。清代薊州城守營負責的墩臺有18座，分別位於黃土坡、豪門莊、窯鋪莊、葛嶺南、賈各莊、孫各莊、潘家莊、白澗莊、五百戶、李家莊、王槓子莊、二里店、別山店、澱流店、龍灣莊、限渠店、胡李莊、索家莊等地，此外黃崖關有墩臺8座〔註27〕。

〔註26〕吳翀：（乾隆）《武清縣志》卷三《武備》，第42～43頁。

〔註27〕張朝琮、鄔棠：（康熙）《薊州志》卷二《建設志‧關隘》，第48頁。

第十一章　清代天津地區軍餉供應

第一節　米糧來源

一、天津漕運

　　清代天津鎮綠營兵與滿洲水師營的米糧均由截留漕糧供給,「截留南糧,歲支本鎮（按,指天津鎮,筆者注）兵餉」〔註1〕,「易州供應陵糈並天津水師營、滄州駐防兵米,俱係截漕供支」〔註2〕。雖然米糧均由漕糧供給,然而由於綠營兵與滿洲水師營分屬不同系統,所以倉廠各自設置。天津鎮綠營兵的倉廠為公字廠六間、聚粟廠五間、裏餱廠五間、日字廠五間,這些倉廠修建於康熙時期〔註3〕。天津水師營所需米糧則取給於天津北倉。雍正元年七月,清世宗認為天津為總會之所,理應修建倉廠,於是命直隸巡撫會同天津總兵官詳議修建事宜〔註4〕。雍正二年在天津衛城北建倉,名曰北倉,共 48座,每年截留漕糧以備賑濟〔註5〕。關於北倉的庫容量,《清高宗實錄》記載,乾隆九年天津北倉截留南漕 50 萬石,北倉的庫容量當大於 50 萬石。事實上,北倉不僅作賑濟之備,天津水師營官兵俸糧也從逐月從北倉運送供給。

　　雍正七年四月,署天津滿洲水師營都統拉錫等疏言:「水師營官兵俸糧每

〔註1〕 薛柱斗、高必大:《新校天津衛志》卷一《建置‧倉廠》,第 56 頁。
〔註2〕 《清高宗實錄》卷五二九,乾隆二十一年十二月乙酉,第 664 頁。
〔註3〕 薛柱斗、高必大:《新校天津衛志》卷一《建置‧倉廠》,第 56 頁。
〔註4〕 張志奇、朱奎揚:(乾隆)《天津縣志》卷一《紀‧恩志》,第 24 頁。
〔註5〕 沈家本、徐宗亮:(光緒)《重修天津府志》卷三一《經政五‧倉儲》,第 1091頁。

歲從北倉新廠逐月運送，往返紛煩。請於水師營堡城內西北隅蓋造廠房二座，截留運往薊、遵漕米三萬石，備貯二年之需，俟支放一年外，每年截留一萬五千石，挨陳支放，並設倉大使一員，專司出入，應如所請。」清世宗採納了拉錫的建議〔註6〕。由上述史料，我們可以知道天津水師營每年的俸糧為15000石，在水師營堡城內西北隅建造廠房二座，水師營官兵俸糧供應就大為便利。此後當天津北倉存糧充足時，為防止米糧久存霉變，天津水師營所需米糧也會改由北倉供給。如乾隆十年五月，經直隸總督高斌奏請，易州供應陵糈並滄州駐防、天津水師營兵米，應需正、耗共米 75944 石 6 斗，均於北倉存貯漕米內供支〔註7〕。根據《清宣宗實錄》記載，寶坻駐防營官所需米糧也由截漕供給〔註8〕。

天津水師營原有兵丁 2000 名，乾隆七年四月天津水師營增兵 1000 名，增設副都統一員〔註9〕。乾隆八年八月，直隸總督高斌奏稱，天津水師營擴充後，每歲應增米 13000 餘石，而舊廠不敷收貯，因此應添建倉廠二座。經工部議准後，清高宗允准了這一建議，水師營再添倉廠二座〔註10〕。關於天津水師營的米糧管理，《清高宗實錄》記載，天津府理事同知駐紮水師營，兼放兵糧。乾隆三十二年天津水師營裁撤後，天津府理事同知移駐天津府城，事務較簡。乾隆三十五年十一月，天津府理事同知改為古北口理事同知〔註11〕。

《清高宗實錄》記載，北倉「截留天津水師營並易州米石，業經倉場委員抽驗，地方官亦不得勒令曬揚滋累」〔註12〕。由此可見，北倉所截留供給天津水師營的漕米，北倉大使和地方官均有管轄權。

二、薊運糧

康熙元年，於今河北省遵化縣修建孝陵，康熙二十年又繼續修建皇后陵和皇妃陵。最初，守衛陵寢官兵所需俸米由地方州縣領價採買供給，導致米價高昂。為抑平米價，康熙三十四年二月，清聖祖命內大臣耶坦查看天津海

〔註6〕 《清世宗實錄》卷八〇，雍正七年四月戊寅，第46頁。
〔註7〕 《清高宗實錄》卷二四一，乾隆十年五月戊戌，第108頁。
〔註8〕 《清宣宗實錄》卷三六一，道光二十一年十一月癸丑，第514頁。
〔註9〕 《清高宗實錄》卷一六四，乾隆七年四月癸巳，第66～67頁。
〔註10〕 《清高宗實錄》卷一九八，乾隆八年八月乙丑，第552頁。
〔註11〕 《清高宗實錄》卷八七二，乾隆三十五年十一月壬子，第700頁。
〔註12〕 《清高宗實錄》卷八七，乾隆四年二月甲辰，第356頁。

口至薊州河路，這年四月開始動工挑挖薊州新河。康熙三十六年，遵旨或將
東省粟米，或將江南稄米截留，由原船自天津運至新河口，自新河口撥裝紅
剝船，運至薊州五里橋。至康熙三十七年，薊運糧改由河南、山東兩省糧船
直抵薊州五里橋交卸〔註13〕。

　　清代薊州、遵化、豐潤等處建有皇家陵寢，薊州陵粞由河南、山東兩省
輪流供應，爲保證米糧品質，雍正二年八月，朝廷命河南、山東運糧船由本
省委員督押，抵津之時，坐糧廳會同通永道驗明米色，即令地方官收受，以
免擾雜、勒掯等弊〔註14〕。雍正七年之前，薊運糧由押運通判沿途管押以及
回空催趲，由於一人難以兼顧，至雍正七年添設薊糧千總二員，輪流領運，
抵薊之日，交糧守候責成於千總，空船回次則責成於通判〔註15〕。

　　爲存儲漕糧，康熙三十八年十一月至三十九年十月，薊州修建倉廒12座。
至道光年間存留 5 座，分別爲永隆、永順、永豐、永盛、永盈。道光七年，
永盈廒借於玉田縣，薊州留 4 座〔註16〕。漕糧收儲之時多有積弊，「薊州收糧，
不論米色，迎風高揚。其尤甚者，斗級量斛，重手擊衝」〔註17〕。不僅如此，
薊州地方有一種白土，常被賣給糧船，然後舂細過篩，攙和入米，一經發熱，
便使米、土潤染。因此，給事中長杜奏請，「行直督轉飭薊州文武官弁，俟糧
船抵薊，即催回空，不許在該地方刨取白土，裝帶上船，並出示曉諭沿河各
市鎮鋪戶人等，不許將白土賣與糧船，如嗣後經關口汛地查出偷買白土，審
實，將該弁丁及知情賣土之鋪戶照例治罪，並將不行查禁之文武員弁分別議
處」〔註18〕。

　　在某些情況下山東、河南所供應的陵粞會借作它用，而陵粞供應也會由
別的途徑代替。如乾隆七年九月，清高宗下旨將明年河南應供應的陵粞運往
江南，作賑濟之用，而古北口一帶收成豐稔，命提督塞楞額等委員採買 4 萬
石，分運薊州、遵化、豐潤三州縣，以備陵寢支用〔註19〕。此後，由於八溝

〔註13〕　沈銳、章過：（道光）《薊州志》卷三《建置志・陵粞始末》，第45～46頁。
〔註14〕　《清世宗實錄》卷二三，雍正二年八月庚子，第376頁。
〔註15〕　《清世宗實錄》卷七九，雍正七年三月戊申，第33頁。
〔註16〕　仇錫廷：（民國）《重修薊縣志》卷八《故事・明清之倉廒》，臺北：成文出版
　　　　社，1969年，第601頁。
〔註17〕　《清高宗實錄》卷九三，乾隆四年五月丁卯，第425頁。
〔註18〕　《清高宗實錄》卷一七五，乾隆七年九月丁丑，第247頁。
〔註19〕　《清高宗實錄》卷一七四，乾隆七年九月庚午，第239～240頁。

等處米糧充裕，而且運送陵寢較爲便捷，因此將口外購買之米運抵薊糧，而河南、山東二省應辦之陵粖則運送通州倉備用。乾隆十年，由於古北口外一帶降雨澤不足，清高宗恐收成歉薄，因此命令秋後八溝酌量採買米石，就近運赴口外缺雨之處，以備借糴賑恤之用，而薊州等處陵粖仍由河南、山東辦理〔註20〕。乾隆十二年二月，遵化、薊州、豐潤，三州縣需米 42000 餘石，經直隸總督那蘇圖奏請，將八溝存貯米糧運往遵化、薊州、豐潤，漕糧供應即行停止〔註21〕。

　　乾隆七年十月，新授陝西巡撫塞楞額奏言：「採辦陵粖米石，與其運至薊州，莫若運至遵化，可省運價銀四千餘兩，且自遵化運至陵寢，較薊州亦捷，辦理尤便。」清高宗認爲塞楞額的建議妥當可行，命史貽直照所議辦理〔註22〕。

　　道光《薊縣志》記載，乾隆三十年，由於薊運河河道淤淺難行，加上山水陡發，漂沒軍船七隻。經直隸總督方承觀奏請，由天津截漕，轉撥薊州之例停止，改爲陸運。每年由陵員於通州截收俸米，自通州陸運至薊州倉，按季支放兵役粟米〔註23〕。光緒《畿輔通志》也記載，乾隆三十年「因薊運米石，海河挽運維艱，是以停止豫、東二省船運，即徵折色」〔註24〕。

第二節　餉銀來源

一、藩庫收入

　　《天津縣志》記載，雍正時期直隸地方支給兵餉、俸工、驛站等銀共 202 萬兩〔註25〕。乾隆八年、乾隆十二年，天津地方兩次受災，兵丁生計爲艱，朝廷下令於直隸布政司庫內爲兵丁借貸一季餉銀，之後分四季扣還〔註26〕。由上述幾處記載，我們可以得知天津官軍的餉銀自直隸布政司庫內支給，這些銀兩來自布政使的各項收入。

〔註20〕《清高宗實錄》卷二四五，乾隆十年七月乙未，第 165 頁。
〔註21〕《清高宗實錄》卷二八四，乾隆十二年二月己巳，第 707 頁。
〔註22〕《清高宗實錄》卷一七七，乾隆七年十月乙卯，第 283 頁。
〔註23〕仇錫廷：（民國）《重修薊縣志》卷八《故事·漕運》，第 600 頁。
〔註24〕李鴻章、黃彭年：（光緒）《畿輔通志》卷三《詔諭三》，第 90 頁。
〔註25〕朱奎揚、吳廷華：（乾隆）《天津縣志》卷一《紀恩志》，第 31 頁。
〔註26〕《清高宗實錄》卷二〇九，乾隆九年正月乙巳，第 692 頁；卷三〇四，乾隆十二年十二月乙丑，第 975～976 頁。

二、生息銀

雍正七年三月，清世宗下旨外省駐防滿洲、漢軍設立生息銀，其中天津生息銀為 1 萬兩，由直隸布政司庫內支給，交於將軍、副都統等公同存貯，營運生息。本銀作為存公生息之項，不令繳還，如該處駐防兵丁家有吉凶之事，將息銀酌量賞給，以濟其用。該將軍、副都統等務須盡心辦理，使兵丁均霑實惠。為加強對生息銀的管理，清世宗做出嚴格規定，「倘該管大臣官員有私自侵蝕、那移，或委任非人，以致本利虧缺者，定行從重治罪，仍於該管及委用等官名下嚴追還項。其營運利息之處，亦必公平辦理，倘指稱官銀名色，或占奪百姓行業，或重利刻剝閭閻，與商賈小民爭利，擾累地方，著各督、撫不時稽查，即行參奏。倘督撫徇隱不奏，經朕訪聞，必將該督、撫一併議處。此項本利銀兩每年出入之數，交與在京八旗都統、副都統查核，一旗或管一省，或管二省，著怡親王、大學士等酌量派定，每年於歲底各省該管大臣官員等造冊，齎送各該旗查核奏聞」〔註27〕。天津滿洲駐防八旗設置生息銀後，雍正八年七月，各鎮標兵營也設置生息銀，其中天津鎮生息銀為 5000 兩，由天津總兵會同直隸總督、直隸提督於直隸藩庫支領，料理營運〔註28〕。

雍正時期，各省駐防八旗設置了生息銀，而直隸一些州縣和各邊口，如寶坻、玉田、三河、霸州、山海關、羅文峪等處駐防營尚未有生息銀。至乾隆十二年四月，大學士議覆，寶坻、玉田、三河、霸州、山海關、羅文峪等處駐防營兵丁共 2640 名，驍騎校共 45 員，每官兵 100 名撥息銀 80 兩，由天津每年賞剩利銀內撥給，每年共應撥天津餘息銀 2148 兩。寶坻等處「按照兵數，將歲需派出賞項，先令該駐防統轄之員出具印領，差弁赴臣富昌等衙門領貯，試辦一年，如有餘統於歲底查明，存作下年賞數，仍於次年歲首接續具領」。每年底，天津副都統將生息銀用支情況造冊，報承查天津生息銀兩之正藍各旗總核奏銷〔註29〕。乾隆十二年之前，薊州協也設置了生息銀，至乾隆十二年十一月，據直隸總督那蘇圖所稱，薊州、永平、昌平、河間四協營的生息銀於提標餘息內分別營運，除原給本銀外，四處共積存利銀 4050 餘兩，那蘇圖奏請將薊州、永平、河間三協原本及積存利銀，交典商營運，得到清

〔註27〕《清世宗實錄》卷七九，雍正七年三月戊午，第 38～39 頁。
〔註28〕《清世宗實錄》卷九六，雍正八年七月辛巳，第 291 頁。
〔註29〕《清高宗實錄》卷二八八，乾隆十二年四月辛未，第 764～765 頁。

高宗允准〔註30〕。

　　生息銀設置時，清世宗規定本銀作爲存公生息之項，不令繳還。事實上至乾隆八年五月之前，天津駐防已將本銀全部交還。這時，朝議駐防、綠旗兵丁「既有應領糧餉，足資家口養贍，遇吉凶等事又得賞恤，此項贏餘利息似毋庸再爲賞給」，因此奏請將息銀除歸還原本外，如有贏餘即歸入營本內一體營運，清高宗採納了這個建議，生息銀本銀逐步收回，原存息銀轉爲本銀繼續營運〔註31〕。

　　關於天津水師營生息銀的運營情況，天津水師營都統福昌稱，除將本銀交還外，餘息銀 89800 餘兩。經直隸總督高斌奏請，天津水師營都統福昌將生息銀營運的錢、布、油、醬四鋪關收，只存典當、估衣、弓箭、染房等鋪，利息減爲每月一分五釐息，所存息銀 3 萬兩交長蘆鹽運使，轉交天津殷實商人，按一分生息。爲獲利更多，福昌建議再將息銀 1 萬兩轉交天津殷實商人，按一分生息，嗣後再有剩銀即借於天津兵民，酌量生息〔註32〕。

　　根據《清高宗實錄》記載，乾隆三十二年天津水師營裁革之時，有滋生銀 56505 兩，水師營裁革後，本、利銀數交於長蘆鹽政生息。滋生銀內有官兵未完、鋪架估變二項未能即時完繳，向來山海關兵賞取給於此，於藩庫內酌撥閒款，先交鹽政生息。天津水師營裁革後，兵丁改於福州、廣州、涼州駐防，其所欠之銀，令分駐處所按月餉扣還。鋪架著地方官估變，均交藩庫歸款。除移福州、廣州、涼州外，水師營裁革後還有 334 名願改綠營兵，准予出旗，這些兵丁有未完銀 1585 兩，另外革職協領伍靈阿等十四員未完銀 385 兩，無項可扣，一併豁免〔註33〕。

　　嘉慶二十一年，復設天津水師營，長蘆鹽商呈請捐銀 20 萬兩，以 17 萬兩爲建蓋衙署等項之需，以 3 萬兩發商生息，爲每年增給俸餉等項之用，所捐銀兩於長蘆鹽運司運庫徵存加價項下先行借撥，俟長蘆鹽商前次所捐山東生息本銀 40 萬兩照限完交之後，接續起限，分五年完交歸款。清仁宗以長蘆鹽商請捐之項仍係借用運司庫銀，又俟前次捐款扣完之後再行起限交納，拖延年限，徒有捐輸之名，毫無實濟，所以對於長蘆鹽商請捐銀兩概不賞收。添設水師營所需經費，由直隸總督方受疇會同長蘆巡鹽御史嵩年核實估計，

〔註30〕《清高宗實錄》卷三〇三，乾隆十二年十一月丙辰，第 967 頁。
〔註31〕《清高宗實錄》卷一九二，乾隆八年五月甲申，第 467 頁。
〔註32〕《清高宗實錄》卷二一四，乾隆九年四月壬戌，第 753～754 頁。
〔註33〕《清高宗實錄》卷七八三，乾隆三十二年四月丙辰，第 629～631 頁。

於長蘆鹽運司庫徵存加價項下酌撥銀 20 萬兩，以爲建蓋官署、兵房、炮臺、戰船等項及發商生息，增給俸餉、馬乾之用〔註34〕。

三、雜項收入

　　天津水師營的收入還有地租銀一項，根據《清宣宗實錄》記載，天津水師營的掛甲寺官莊地每年租銀爲 1020 餘兩，租糧自數十石至百餘石不等，除完賦外，餘給各兵食用。道光六年，天津水師營裁撤，水師營地租銀歸天津鎮經管，分給葛沽海口並所轄運河各營汛，作爲催漕、緝私並看守炮臺弁兵津貼之用〔註35〕。根據《清高宗實錄》記載，當時大沽營有葦租銀，天津鎮標左、右營有現存、留半、親丁三款，皆非庫存正項〔註36〕。

第三節　軍餉發放

一、發放制度

　　清代天津軍糧舊例於次月初始領前月糧，雍正時期直隸布政使王璣令於前月望後發次月之糧，營弁頌爲善政〔註37〕。

　　根據《清世宗實錄》記載，雍正時期清孝陵、孝東陵、昭西陵守衛兵丁的米糧，已私下以折色方式支放，「吏胥串通兵丁、當差人等，折銀代米，私相授受，每石或六七錢、八九錢不等，使吏胥利於侵克，而不肖兵丁但取現銀入手，便於花費，及至五、六月間米貴之時，艱於糴買，往往困乏」。雍正七年五月，朝廷下令兵丁米糧必須以本色支給，三陵總管不時稽察，「敢有復蹈前轍、折銀代米者，即行題參」〔註38〕。雍正七年八月，清世宗稱，「向來三陵俸工米石皆係截留漕米支給，自康熙五十年漕米不敷，經直撫題請，將不敷之米每石給銀一兩，令遵化、薊州、豐潤三州縣採買支放，州縣委之吏胥，遂致吏胥串通兵役，折銀代米，私相授受。雖經降旨嚴禁，恐此弊未能盡除」。由此可見，薊州守陵兵丁軍餉在康熙後期已經以折色形式支放，後多

〔註34〕《清仁宗實錄》卷三二六，嘉慶二十二年正月癸酉，第 307 頁。
〔註35〕《清宣宗實錄》卷一一三，道光七年正月庚辰，第 882 頁。
〔註36〕《清高宗實錄》卷三三五，乾隆十四年二月戊申，第 612 頁。
〔註37〕沈家本、徐宗亮：（光緒）《重修天津府志》卷四〇《宦績二·國朝》，第 1265 頁。
〔註38〕《清世宗實錄》卷八一，雍正七年五月辛亥，第 65～66 頁。

次有旨嚴禁，卻不可扭轉。清世宗認爲若遇米貴之時，銀兩一時難以購買到米糧，官員、兵役自然要守候時日。所以清世宗堅持軍餉應支給本色，「著總理三陵事務尚崇廙將三陵官員、太監、兵役每年需給俸工米石，分晰白米、稯米、粟米數目，預行造冊，諮報戶部，戶部行知倉場，預行照數截留，分貯遵化、薊州、豐潤三州縣，於庚戌年爲始，所有俸工米石均以本色給發。如此則更無不敷之米，陵寢員役不至守候待支，胥吏、兵丁可免串通折價之弊，而州縣亦無賠墊腳價之累矣」〔註39〕。雍正時期米糧折支受到禁止，然而至乾隆時期折支已成爲正式規定。寶坻駐防營兵丁的米糧，在乾隆八年之前已開始折銀支給，每石折銀一兩〔註40〕。

二、八旗兵軍餉

《清世宗實錄》卷八九雍正七年十二月丁巳條記載，「天津水師營兵丁錢糧，前經部議，每月定爲一兩五錢。朕近聞兵丁用度稍有不敷，已降旨加爲每月二兩」。關於天津水師營官兵的薪俸、兵餉，雍正《畿輔通志》中記載有軍官都統1員，協領6員，佐領、防禦、驍騎校各64員，領催、前鋒、甲兵2000名，炮手144名，馬200匹，每歲應支俸餉、馬乾等銀66923兩，米11227石4斗5升，截漕支給〔註41〕。《天津府志》《重修天津府志》則詳細記載了各級官兵薪俸、軍餉的詳細標準：都統1員，每年俸、薪等銀180兩，米90石；協領6員，每年俸、薪等銀各130兩，米65石；佐領32員，每年俸、薪等銀各105兩，米52.5石；防禦32員，每年俸、薪等銀各80兩，米40石；驍騎校32員，每年俸、薪等銀各60兩，米30石；筆帖式3員，每年俸、薪等銀各28兩，米14石；領催128名，每名錢糧36兩，米12石；前鋒100名，每名錢糧30兩，米12石；披甲1772名，每名錢糧24兩，米12石。另有炮甲一項，《天津府志》中的記載爲140名〔註42〕，《重修天津府志》中的記載爲144名，炮甲每名錢糧24兩，米12石。以上共軍官106員，兵2000

〔註39〕《清世宗實錄》卷八五，雍正七年八月辛亥，第133頁。

〔註40〕《清高宗實錄》卷二〇一，乾隆八年九月己酉，第589頁。

〔註41〕唐執玉、陳儀：（雍正）《畿輔通志》卷三八《兵制》，第833～834頁。

〔註42〕李梅賓、吳廷華：（乾隆）《天津府志》卷一五《兵制志》記載天津水師營領催128名、前鋒100名、披甲1772名、炮甲140名，下文又言領催、前鋒、披甲、炮甲合計2144名，對比雍正《畿輔通志》卷三八《兵制》、《重修天津府志》卷三六《經政十·兵防》中的相關記載，天津水師營炮甲數目似應爲144名。

名，糧餉按月支領，遇閏照數加給〔註43〕。

　　《天津府志》還記載了天津水師營 320 名水手的工食標準，其中正舵工 32 名，每名月支銀二兩九錢、米三斗；副舵工 32 名，每名月支銀二兩一錢七分五釐、米三斗；正繚手 32 名，每名月支銀、米與副舵工同；副繚手 32 名，每名月支銀一兩九錢三分五釐、米三斗；正椗手 32 名，每名月支銀、米與副舵工同；副椗手 32 名，每名月支銀、米與副繚手同；正阿班 32 名，每名月支銀、米與副舵工同；副阿班 32 名，每名月支銀、米與副繚手同；正舢板 32 名，每名月支銀、米與副舵工同；副舢板 32 名，每名月支銀、米與副繚手同〔註44〕，以上水手工食銀由截漕支給〔註45〕。

　　雍正《畿輔通志》記載，寶坻駐防營設鑲白旗防守尉 1 員、防禦 2 員、甲兵 50 名，每歲應支銀 1800 兩、米 1150 石〔註46〕。乾隆七年之前看守薊州、遵化、豐潤陵寢的官兵每年需米糧 4 萬石〔註47〕。至乾隆十二年二月，直隸總督那蘇圖奏稱，「本年秋、冬二季及明年春、夏二季，遵化、薊州、豐潤等三州縣供應陵粮，需米四萬五千餘石」〔註48〕。其中端惠太子園寢有兵部章京 8 員、領催 2 名、披甲 38 名，每年餉銀 1460 兩，粟米 674 石 4 斗，上白米 47 石 2 斗，江米 5 石 6 斗，糙粳米 52 石 8 斗〔註49〕。另有其他禮部讀祝官、贊禮郎、雜行、差役人等，由於非軍職，所以其所需餉銀、米糧不贅述。根據雍正《畿輔通志》記載，妃園寢每旗拖沙喇哈番世職一員，八旗防禦八員。雍正二年，增設筆帖式一員、甲兵四十名，每歲應支銀一千四百四十兩〔註50〕。

〔註43〕　李梅賓、吳廷華：（乾隆）《天津府志》卷一五《兵制志》，第 250 頁；沈家本、徐宗亮：（光緒）《重修天津府志》卷三六《經政十・兵防》，第 1168 頁。

〔註44〕　李梅賓、吳廷華：（乾隆）《天津府志》卷一五《兵制志》，第 250 頁。

〔註45〕　王守恂：《天津政俗沿革記》卷一四《防禦・水師》，第 66～67 頁。

〔註46〕　唐執玉、陳儀：（雍正）《畿輔通志》卷三八《兵制・駐防・寶坻縣》，第 831 頁。

〔註47〕　《清高宗實錄》卷一七四，乾隆七年九月庚午，第 239 頁。

〔註48〕　《清高宗實錄》卷二八四，乾隆十二年二月己巳，第 707 頁。

〔註49〕　沈銳、章過：（道光）《薊州志》卷三《建置志・餉粮數目》，第 505～506 頁。

〔註50〕　唐執玉、陳儀：（雍正）《畿輔通志》卷三八《兵制・駐防・寶坻縣》，第 830 頁。

三、綠營兵軍餉

表 11-1　清代天津綠營官員俸、薪等銀歲額

單位：兩

官職	俸銀	薪銀	蔬菜燭炭銀	心紅紙張銀	養廉銀	馬餉銀	合計
天津鎮總兵官	67.576	144	140	160	1500	0	2011.576
游擊	39.336	120	36	36	400	0	631.336
都司	27.396	72	18	24	260	0	401.396
守備	18.706	48	12	12	200	0	290.706
千總	14.964	33.036	0	0	120	0	167.999
把總	12.468	23.532	0	0	90	0	126
經制外委	0	0	0	0	18	27.6	45.6
額外外委	0	0	0	0	0	27.6	27.6

注：上表根據光緒《重修天津府志》卷三六《經政十‧兵防‧武職俸餉》製成。

　　根據光緒《重修天津府志》記載，清代天津鎮標營、城守營、四黨口營、靜海營、葛沽營等綠營兵，馬兵每歲餉銀 24 兩、米折銀 3 兩 6 錢，共 27 兩 6 錢；步兵每歲餉銀 18 兩，米折銀 3 兩 6 錢，共 21 兩 6 錢；守兵每歲餉銀 12 兩，米折銀 3 兩 6 錢，共 15 兩 6 錢。

　　雍正《畿輔通志》記載，薊州城守營設都司一員、千總一員、把總二員，馬戰兵 73 名，守兵 151 名，每歲俸餉、馬乾、米折等銀 5677.593996 兩〔註 51〕。黃崖關汛設把總一員，馬兵 2 名，守兵 56 名，每歲俸餉、馬乾、米折等銀 1015.2 兩〔註 52〕。康熙十一年五月，清聖祖巡視薊州，告誡薊州城守都司僉書蔣元泰等曰：「爾等訓練甚善，但兵以食為天，須全給軍餉，俾沾實惠，勿得侵克」〔註 53〕。

四、賞賜與撫恤

　　在月餉之外，天津水師營還有紅白事例銀，乾隆五年之前紅事賞銀 6 兩，白事賞銀 8 兩。乾隆五年九月，經天津水師都統阿揚阿奏請，白事賞銀增加 4

〔註 51〕 唐執玉、陳儀：（雍正）《畿輔通志》卷三八《兵制》，第 842～843 頁。
〔註 52〕 唐執玉、陳儀：（雍正）《畿輔通志》卷三八《兵制》，第 855 頁。
〔註 53〕 《清聖祖實錄》卷三九，康熙十一年五月甲子，第 531 頁。

兩，以示體恤〔註 54〕。清代多位皇帝曾巡視天津及周邊地區，為顯示皇恩浩蕩，巡視所至，皇帝通常會進行一定的賞賜。乾隆十三年，清高宗巡視山東，途徑天津，天津駐防兵丁年 70、80 以上者承蒙賞賜〔註55〕。乾隆三十二年，清高宗巡視畿南，天津駐防兵受賞一月錢糧，綠營兵受賞兩月錢糧〔註56〕。

生息銀設置的目的是，「兵丁家有吉凶之事，將息銀酌量賞給，以濟其用」〔註57〕。關於生息銀的支放情況，乾隆十二年四月，大學士議覆，寶坻、玉田、三河、霸州、山海關、羅文峪等處駐防營兵丁共 2640 名，驍騎校共 45 員，每官兵 100 名撥息銀 80 兩，由天津每年賞剩利銀內撥給，每年共應撥天津餘息銀 2148 兩。寶坻等處「按照兵數，將歲需派出賞項，先令該駐防統轄之員出具印領，差弁赴臣富昌等衙門領貯，試辦一年，如有餘統於歲底查明，存作下年賞數，仍於次年歲首接續具領」。每年底，天津副都統將生息銀用支情況造冊，報承查天津生息銀兩之正藍各旗總核奏銷〔註58〕。

在遭遇災荒、米價高昂時，清代會通過三種方式來保證兵丁的生計：（一）提高米糧折銀比例，如乾隆十五年直隸寶坻等地歉收，這年十一月清高宗下旨將寶坻駐防營兵丁的米糧每石增銀三錢，以示軫恤〔註59〕。（二）將折色改支本色，如乾隆二十八年直隸地方歉收，寶坻駐防營兵丁應領米折銀兩，改為給與本色〔註60〕。（三）給兵丁提供借貸，兵丁要依期償還。如乾隆八年天津府受災，兵丁所得軍餉不敷日用，經直隸總督高斌奏請，向天津鎮兵丁借貸一季餉銀，自乾隆九年七月起，至乾隆十年六月止，按四季扣還〔註61〕。再如乾隆十二年直隸地方受災，武清、天津、靜海等地受災較重，兵丁生計艱難，清高宗下旨向受災各處兵丁借貸一季餉銀，自乾隆十三年夏季起，分作四季扣還〔註 62〕。除借貸銀兩外，有時也會借貸米糧，如乾隆二十七年天津遭遇水災，天津鎮標左右二營、天津城守營的兵丁每名借給米一石，天津水師營兵丁則每名借給一季米糧，均於次年應得餉米內分作四季扣還

〔註54〕《清高宗實錄》卷一二七，乾隆五年九月丁酉，第 866 頁。
〔註55〕《清高宗實錄》卷三一〇，乾隆十三年三月己丑，第 75 頁。
〔註56〕《清高宗實錄》卷七八〇，乾隆三十二年三月乙丑，第 580 頁。
〔註57〕《清世宗實錄》卷七九，雍正七年三月戊午，第 38～39 頁。
〔註58〕《清高宗實錄》卷二八八，乾隆十二年四月辛未，第 764～765 頁。
〔註59〕《清高宗實錄》卷三七六，乾隆十五年十一月乙巳，第 1155 頁。
〔註60〕《清高宗實錄》卷六八六，乾隆二十八年五月戊午，第 675～676 頁。
〔註61〕《清高宗實錄》卷二〇九，乾隆九年正月乙巳，第 692 頁。
〔註62〕《清高宗實錄》卷三〇四，乾隆十二年十二月乙丑，第 975～976 頁。

〔註63〕。在遭遇災荒、米價翔貴的情況下，相對於提高折支比例、支放本色而言，向兵丁提供借貸不會使朝廷承受任何損失，所以在受災時這種賑濟方式用的較多，繼乾隆以後，嘉慶、道光時期也多以這種方式使兵丁度過難關。

〔註63〕《清高宗實錄》卷六六五，乾隆二十七年六月丁巳，第 440 頁；卷六六六，乾隆二十七年七月戊辰，第 447～448 頁。

結　論

　　明代前期實行都司衛所制度，衛所是平時訓練、駐守的軍事單位，至戰時出征，則抽調各都司、衛所旗軍，組成戰時編制，由將領統率出戰。戰爭結束後，統兵將領上交印信，所率旗軍復歸原來衛所。平時、戰時，軍隊有兩種不同的編制形式。至明代中期，鎮戍營兵制逐步形成，從衛所中抽調軍士編成營伍，分營操練，平時於要地防守，遇有敵情，則迅速進入戰爭狀態，避免了臨時借調、緩不濟事的弊端。清朝入關後，繼承了明代的鎮戍營兵制度，並發展爲綠營兵制度，明代鎮戍營兵制下的武官爲總兵官、副總兵、參將、游擊將軍、都司、守備、千總、把總，清代綠營的武官爲總兵官、副將、參將、游擊、都司、守備、千總、把總，除副總兵改稱副將，游擊將軍省稱游擊外，其餘完全相同。清代建立後，綠營兵丁大致有三種來源，一是較早歸附的漢人兵丁，二是召募，三是從明代衛所、營伍中揀選，這些不同來源的兵丁組成了清代的綠營。而原來的衛所仍一定時期內在形式上予以保留，由於新的軍隊已經建立，所以衛所原來的軍士這時已不再是軍人。就天津地區衛所而言，留在衛所中的軍士在清代已轉化爲從事屯田的屯丁、從事漕運的運丁，與明代軍士相比，清代綠營兵不再從事屯田、漕運等任務，所以更接近職業軍人。由於軍事作用的喪失，所以天津地區各衛所在清代先後被裁革，順治九年六月，鎮朔衛、營州衛歸併於薊州衛，天津左衛、右衛歸併於天津衛〔註1〕。同年十一月，武清衛歸併於於通州左衛〔註2〕。順治十六年十月，薊州衛被裁革〔註3〕。雍正三年三月，天津衛被裁革，設立天津州〔註4〕。

〔註1〕　《清世祖實錄》卷六五，順治九年六月丁未，第509～510頁。
〔註2〕　《清世祖實錄》卷七〇，順治九年十一月戊寅，第549頁。
〔註3〕　《清世祖實錄》卷一二九，順治十六年十月戊戌，第999頁。

雍正九年二月，梁城守禦千戶所被裁革，設立寧河縣〔註5〕。這樣天津地區各衛所陸續被裁革，屯丁併入州縣里甲，如薊州衛、鎮朔衛、營州右屯衛被歸併入尚義里〔註6〕，「各衛所地畝錢糧令州縣徵收，屯丁兼屬管攝，凡軍宅、屯莊概入保甲」〔註7〕，這就是從明代衛所直至清代綠營的演變過程。此外，為拱衛京師，清代分遣八旗官兵於畿輔各地駐防，康熙十二年設置八旗寶坻駐防營，與寶坻綠營相為表裏，駐防設而武備愈周〔註8〕。雍正四年，天津海口蘆家嘴設立天津水師營，置都統一人，統領滿洲兵丁 2000 人學習水師，專防海口〔註9〕。除清初東南抗清勢力對清代沿海防禦具有一定威脅外，鴉片戰爭之前清代海防並無太大壓力，所以天津水師營屢設屢廢，並無真正承擔起海防責任。

明代從建國伊始，即面對嚴重的外部壓力，在北方蒙古勢力長期對明代北部邊防構成威脅。洪武時期，徐達、華雲龍、顧時、傅友德等開國功臣均曾於北部鎮守邊塞，北平行都督府、北平都指揮使司也先後設立。洪武十三年三月，燕王朱棣就藩北平〔註10〕，北平地區的軍事防禦受到高度重視。朱棣稱帝後，遷都北平，之前的藩王守邊變為天子守邊，並先後命郭亮、陳景先、陳英、陳敬等鎮守薊州、永平、山海關一帶，其中陳英、陳敬具有「總兵官」之銜。嘉靖二十九年八月庚戌之變後，朝廷開始加強薊州軍事防禦，薊遼總督、薊州兵備道開始設立，薊鎮防禦體系更加嚴密。在沿海地區，明代從開國之初，海疆形勢即不太平，倭寇屢屢侵擾。建文、永樂時期，為加強海上防禦，梁城守禦千戶所、天津衛、天津左衛、天津右衛陸續設立。從萬曆中期開始直至明末，先是倭寇侵略朝鮮，後是後金在遼東日益強大，這使天津地區的海防地位得以凸顯，天津巡撫、天津總兵官的設立與此直接相關。嚴峻的邊防、海防壓力使得明代天津地區的戰略地位極其重要，兵馬雲集，機構林立，興屯給餉，開局製器，天津軍事得到了長足的發展。

〔註4〕　《清世宗實錄》卷三〇，雍正三年三月乙巳，第 450 頁。
〔註5〕　《清世宗實錄》卷一〇三，雍正九年二月丙辰，第 368 頁。
〔註6〕　張朝琮、鄔棠：（康熙）《薊州志》卷三《賦役志・里甲》，第 2 頁。
〔註7〕　沈家本、徐宗亮：（光緒）《重修天津府志》卷四〇《宦續二・國朝》，第 1258 頁。
〔註8〕　洪肇楙、蔡寅斗：（乾隆）《寶坻縣志》卷八《職官・武備》，第 413 頁；嵇璜、劉墉：《欽定皇朝文獻通考》卷一八三《兵考五・直省兵・直隸・八旗駐防》，第 111 頁。
〔註9〕　趙爾巽：《清史稿》卷一三五《兵六・水師》，第 4001 頁。
〔註10〕　《明太祖實錄》卷一三〇，洪武十三年三月壬寅，第 2066～2067 頁。

　　進入清代後，滿蒙聯姻，蒙古族已不再對北部邊防構成壓力，曾經烽火連天、劍戈飛揚的薊鎮在清代消逝於歷史長河之中。在沿海防禦上，順治時期東南抗清力量曾對清代海防造成一定壓力，至康熙時期東南抗清力量先後失敗，此後清代海疆長期平靜。乾隆五十八年六月英國馬戛爾尼使團到達大沽，嘉慶二十一年閏六月阿美士德爲首的英國使團抵達天津，對於英國使團的兩次來訪，朝廷仍以傳統的朝貢視之，而並未意識到嚴重的海患已爲日不遠。正如《清史稿》所言：「國初海防，僅備海盜而已。自道光中海禁大開，形勢一變，海防益重。」〔註 11〕和平的邊防、海防形勢自是民衆之福，然而安不忘危、治不忘亂方爲治國之道，由於清代天津地區沒有嚴峻的軍事壓力，所以天津地區的軍事在清代沒有大的發展，特別是武器裝備方面遠不如明代，長期的宇內清寧必然導致武備廢弛。明代萬曆時期北塘海口修築有東、西兩座炮臺，以加強海上防禦，進入清代兩座炮臺俱無所用，甚至廢壞後也不再修葺，遲至咸豐、同知時期才得到整修，重新添設炮臺三座〔註 12〕，這清楚反映了明、清兩朝的海防狀況，清代海防廢弛爲後來中國飽受列強侵略留下隱患。

〔註11〕趙爾巽：《清史稿》卷一三八《兵九・海防》，第 4095 頁。

〔註12〕丁符九、談松林：（光緒）《寧河縣志》卷一三《紀載・北塘大營炮臺記》，第 260 頁；卷一六《雜識志・古蹟》，第 327 頁。

參考文獻

一、古代文獻

1. （元）脫脫：《金史》，北京：中華書局，1975年。
2. （明）宋濂：《元史》，北京：中華書局，1976年。
3. 《明太祖實錄》，臺北：中央研究院歷史語言研究所校印本，1962年。
4. 《明太宗實錄》，臺北：中央研究院歷史語言研究所校印本，1962年。
5. 《明仁宗實錄》，臺北：中央研究院歷史語言研究所校印本，1962年。
6. 《明宣宗實錄》，臺北：中央研究院歷史語言研究所校印本，1962年。
7. 《明英宗實錄》，臺北：中央研究院歷史語言研究所校印本，1962年。
8. 《明憲宗實錄》，臺北：中央研究院歷史語言研究所校印本，1962年。
9. 《明孝宗實錄》，臺北：中央研究院歷史語言研究所校印本，1962年。
10. 《明武宗實錄》，臺北：中央研究院歷史語言研究所校印本，1962年。
11. 《明世宗實錄》，臺北：中央研究院歷史語言研究所校印本，1962年。
12. 《明穆宗實錄》，臺北：中央研究院歷史語言研究所校印本，1962年。
13. 《明神宗實錄》，臺北：中央研究院歷史語言研究所校印本，1962年。
14. 《明熹宗實錄》，臺北：中央研究院歷史語言研究所校印本，1962年。
15. 《崇禎長編》，臺北：中央研究院歷史語言研究所校印本，1962年。
16. 《崇禎實錄》，臺北：中央研究院歷史語言研究所校印本，1962年。
17. 《清世祖實錄》，北京：中華書局，1985年。
18. 《清聖祖實錄》，北京：中華書局，1985年。
19. 《清世宗實錄》，北京：中華書局，1985年。
20. 《清高宗實錄》，北京：中華書局，1985年。
21. 《清仁宗實錄》，北京：中華書局，1985年。

22. 《清宣宗實錄》，北京：中華書局，1985 年。

23. （明）談遷：《國榷》，北京：中華書局，1958 年。

24. （清）張廷玉：《明史》，北京：中華書局，1974 年。

25. （民國）趙爾巽：《清史稿》，北京：中華書局，1976 年。

26. （明）申時行：（萬曆）《明會典》，北京：中華書局，1989 年。

27. （清）伊桑阿：（康熙）《大清會典》，臺北：文海出版社，1992 年。

28. （清）允祹：《大清會典則例》，《景印文淵閣四庫全書》史部第 378～383
    冊，臺北：商務印書館，1983 年。

29. （清）嵇璜、劉墉：《欽定皇朝文獻通考》，《景印文淵閣四庫全書》史部
    第 394 冊，臺北：商務印書館，1983 年。

30. （明）王圻，《續文獻通考》，《續修四庫全書》第 761～767 冊，上海：
    上海古籍出版社，2002 年。

31. （清）蔣良騏：《東華錄》，北京：中華書局，1980 年。

32. （明）戚繼光：《練兵實紀》，《景印文淵閣四庫全書》子部第 34 冊，臺
    北：商務印書館，1983 年。

33. （明）汪應蛟：《海防奏疏》，北京：全國圖書館文獻縮微複製中心，2006
    年。

34. （明）汪應蛟：《撫畿奏疏》，北京：全國圖書館文獻縮微複製中心，2006
    年。

35. （明）汪應蛟：《計部奏疏》，《續修四庫全書》第 480 冊，上海：上海古
    籍出版社，2002 年。

36. （明）畢自嚴：《餉撫疏草》，《四庫禁燬書叢刊》史部第 75 冊，北京：
    北京出版社，1997 年。

37. （明）畢自嚴：《度支奏議》，上海：上海古籍出版社，2008 年。

38. （明）趙世卿：《司農奏議》，《續修四庫全書》第 480 冊，上海：上海古
    籍出版社，2002 年。

39. （明）劉邦謨、王好善：《寶坻政書》，《北京圖書館古籍珍本叢刊》第
    48 冊，北京：書目文獻出版社，1987 年。

40. （明）趙鑒：《天津衛屯墾條款》，《北京圖書館古籍珍本叢刊》第 47 冊，
    北京：書目文獻出版社，1987 年。

41. （明）宋應昌：《經略復國要編》，《四庫禁燬書叢刊》史部第 38 冊，北
    京：北京出版社，1997 年。

42. （明）楊榮：《文敏集》，《景印文淵閣四庫全書》集部第 179 冊，臺北：
    商務印書館，1983 年。

43. （明）李時勉：《古廉文集》，《景印文淵閣四庫全書》集部第 181 冊，臺

北：商務印書館，1983 年。

44. （明）畢自嚴：《石隱園藏稿》，《景印文淵閣四庫全書》第 1293 冊，臺北：商務印書館，1983 年。

45. （明）李邦華：《文水李忠肅先生集》，《四庫禁燬書叢刊》集部第 81 冊，北京：北京出版社，1997 年。

46. （明）董應舉：《崇相集》，《四庫禁燬書叢刊》集部第 102 冊，北京：北京出版社，1997 年。

47. （明）楊嗣昌：《楊文弱先生集》，《續修四庫全書》第 1372 冊，上海：上海古籍出版社，2002 年。

48. （明）陳懿典：《陳學士先生初集》，《四庫禁燬書叢刊》集部第 79 冊，北京：北京出版社，1997 年。

49. （明）黃道周：《黃石齋先生文集》，《續修四庫全書》第 1384 冊，上海：上海古籍出版社，2002 年。

50. （明）吳道南：《吳文恪公文集》，《四庫禁燬書叢刊》集部第 31 冊，北京：北京出版社，1997 年。

51. （清）畢□□：《淄川畢少保公年譜》，《北京圖書館藏珍本年譜叢刊》第 55 冊，北京：北京圖書館出版社，1999 年。

52. （明）馬其昶：《左忠毅公年譜》卷上，《北京圖書館藏珍本年譜叢刊》第 56 冊，北京：北京圖書館出版社，1999 年。

53. （明）高岱：《鴻猷錄》，《續修四庫全書》第 389 冊，上海：上海古籍出版社，2002 年。

54. （明）雷禮：《國朝列卿紀》，《四庫全書存目叢書》史部第 94 冊，濟南：齊魯書社，1996 年。

55. （明）郭應寵：《盧龍塞略》，《明代蒙古漢籍史料彙編》第六輯，呼和浩特：內蒙古大學出版社，2009 年。

56. （明）余繼登：《典故紀聞》，《續修四庫全書》第 428 冊，上海：上海古籍出版社，2002 年。

57. （明）徐學聚：《國朝典匯》，《四庫全書存目叢書》史部第 266 冊，濟南：齊魯書社，2001 年。

58. （明）朱長祚：《玉鏡新譚》，《四庫禁燬書叢刊》史部第 71 冊，北京：北京出版社，1997 年。

59. （明）沈德符：《萬曆野獲編》，北京：中華書局，1959 年。

60. （明）過庭訓：《本朝分省人物考》，《續修四庫全書》第 533 冊，上海：上海古籍出版社，2002 年。

61. （明）凌迪知：《萬姓統譜》，《景印文淵閣四庫全書》子部第 263 冊，臺

北：商務印書館，1983 年。

62. （明）陳建：《皇明資治通紀》，《四庫禁燬書叢刊》史部第 12 冊，北京：北京出版社，1997 年。

63. （明）陳子龍：《明經世文編》，北京：中華書局，1962 年。

64. （明）張瀚：《皇明疏議輯略》，《續修四庫全書》第 462 冊，上海：上海古籍出版社，2002 年。

65. （明）孫旬：《皇明疏鈔》，《續修四庫全書》第 464 冊，上海：上海古籍出版社，2002 年。

66. （明）徐紘：《明名臣琬琰錄》，臺北：商務印書館，1986 年。

67. （明）焦竑：《焦太史編輯國朝獻徵錄》，《續修四庫全書》第 525～531 冊，上海：上海古籍出版社，2002 年。

68. （明）張居正：《張太岳集》，上海：上海古籍出版社，1984 年。

69. （明）譚綸：《譚襄敏公遺集》，北京：北京出版社，1998 年。

70. （明）戚繼光：《紀效新書》，北京：中華書局，2001 年。

71. （明）戚國祚：《戚少保年譜耆編》，《續修四庫全書》第 553 冊，上海：上海古籍出版社，2002 年。

72. （明）張學顏：《萬曆會計錄》，《北京圖書館古籍珍本叢刊》第 52～53 冊，北京：書目文獻出版社，1987 年。

73. （明）瞿九思：《萬曆武功錄》，《四庫禁燬書叢刊》史部第 35～36 冊，北京：北京出版社，1997 年。

74. （明）茅瑞徵：《萬曆三大征考》，《四庫禁燬書叢刊》史部第 70 冊，北京：北京出版社，1997 年。

75. （明）王在晉：《海防纂要》，《續修四庫全書》第 739～740 冊，上海：上海古籍出版社，2002 年。

76. （明）王在晉：《三朝遼事實錄》，《四庫禁燬書叢刊》史部第 70 冊，北京：北京出版社，1997 年。

77. （明）許論：《九邊圖論》，《四庫禁燬書叢刊》史部第 21 冊，北京：北京出版社，1997 年。

78. （明）張燧：《經世挈要》，《北京圖書館古籍珍本叢刊》第 47 冊，北京：書目文獻出版社，1987 年。

79. （明）鄭曉：《今言》，北京：中華書局，1984 年。

80. （明）王世貞：《弇山堂別集》，北京：中華書局，1985 年。

81. （清）茅元儀：《武備志》，《續修四庫全書》第 963～966 冊，上海：上海古籍出版社，2002 年。

82. （明）尤侗：《明史擬稿》，清康熙間刻本。

83. （清）谷應泰：《明史紀事本末》，北京：中華書局，1977 年。

84. （清）計六奇：《明季北略》，北京：中華書局，1984 年。

85. 南炳文、吳彥玲：《輯校萬曆起居注》，天津：天津古籍出版社，2010 年。

86. 中國第一歷史檔案館、遼寧省檔案館編纂：《中國明朝檔案總匯》，桂林：廣西師範大學山版社，2001 年。

87. （明）謝純：《漕運通志》，《四庫全書存目叢書》史部第 275 冊，濟南：齊魯書社，1996 年。

88. （明）佚名：《海運摘鈔》，《明季遼事叢刊》上冊，臺北：鼎文書局，1978 年。

89. （清）查繼佐：《罪惟錄》，北京：國家圖書館出版社，2006 年。

90. （清）傅維鱗：《明書》，《四庫全書存目叢書》史部第 38～40 冊，濟南：齊魯書社，1996 年。

91. （清）徐鼐：《小腆紀傳》，清光緒金陵刻本。

92. （清）陳鶴：《明紀》，清同治十年江蘇書局刻本。

93. （清）毛霦：《平叛記》，清康熙五十五年刻本。

94. （清）吳邦慶：《畿輔河道水利叢書》，北京：農業出版社，1964 年。

95. （清）黃叔璥：《臺海使槎錄》，《景印文淵閣四庫全書》史部第 350 冊，臺北：商務印書館，1986 年。

96. （清）彭孫貽：《靖海志》，《續修四庫全書》第 390 冊，上海：上海古籍出版社，2002 年。

97. （清）李元度：《國朝先正事略》，《續修四庫全書》第 538 冊，上海：上海古籍出版社，2002 年。

98. （明）章潢：《圖書編》，《景印文淵閣四庫全書》子部第 278 冊，臺北：商務印書館，1983 年。

99. （明）李賢：《大明一統志》，臺北：臺聯國風出版社，1977 年。

100. （明）汪有執、楊行中纂修，劉宗永校點：（嘉靖）《通州志略》，北京：中國書店，2007 年。

101. （明）周復俊、高濬：（嘉靖）《霸州志》，《天一閣藏明代方志選刊》第 6 冊，上海：上海書店，1963 年。

102. （明）郜相、樊深：（嘉靖）《河間府志》，《四庫全書存目叢書》史部第 192 冊，濟南：齊魯書社，1996 年。

103. （明）杜應芳、陳士彥：（萬曆）《河間府志》，國家圖書館藏萬曆四十三年刻本。

104. （明）沈應文、張元芳：（萬曆）《順天府志》，《四庫全書存目叢書》史部第 208 冊，濟南：齊魯書社，1996 年。

105. （明）孫承澤：《天府廣記》，北京：北京古籍出版社，1984 年。

106. （明）孫承澤：《春明夢餘錄》，《景印文淵閣四庫全書》子部第 868 冊，臺北：商務印書館，1983 年。

107. （明）魏煥：《皇明九邊考》，《四庫全書存目叢書》史部第 226 冊，濟南：齊魯書社，1996 年。

108. （明）劉效祖：《四鎮三關志》，《四庫禁燬書叢刊》史部第 10 冊，北京：北京出版社，1997 年。

109. （明）孫世芳：《宣府鎮志》，臺北：成文出版社，1970 年。

110. （明）楊壽：《朔方新志》，明萬曆四十五年刻本。

111. （清）佚名：《畿輔輿地全圖》，臺北：成文出版社，1969 年。

112. （清）顧祖禹：《讀史方輿紀要》，北京：中華書局，2005 年。

113. （清）張朝琮、鄔棠：（康熙）《薊州志》，清康熙四十三年刻本。

114. （清）閻甲胤、馬方伸：（康熙）《靜海縣志》，《中國地方志集成·天津府縣志輯》第 5 冊，上海：上海書店，2004 年。

115. （清）鄭富民：（康熙）《三河縣志》，康熙四十四年刻本。

116. （清）薛柱斗、高必大：《新校天津衛志》，臺北：成文出版社，1968 年。

117. （清）張吉午（康熙）順天府志，北京：中華書局，2009 年。

118. （清）王玈、徐可先：（康熙）《河間府志》，康熙十七年刻本。

119. （清）于成龍、郭棻：（康熙）《畿輔通志》，清康熙二十二年刻本。

120. （清）唐執玉、陳儀：（雍正）《畿輔通志》，《景印文淵閣四庫全書》史部第 504 冊，臺北：商務印書館，1983 年。

121. （清）紀昀：《八旗通志》，《景印文淵閣四庫全書》史部第 442～449 冊，臺北：商務印書館，1983 年。

122. （清）洪肇楙、蔡寅斗：（乾隆）《寶坻縣志》，臺北：成文出版社，1969 年。

123. （清）關廷牧、徐以觀：（乾隆）《寧河縣志》，清乾隆四十四年刻本。

124. （清）吳翀：（乾隆）《武清縣志》，清乾隆七年刻本。

125. （清）莊日榮：（乾隆）《滄州志》，臺北：成文出版社，1975 年。

126. （清）張志奇、朱奎揚：（乾隆）《天津縣志》，《天津通志》（舊志點校本中），天津：南開大學出版社，1999 年。

127. （清）李梅賓、吳廷華：（乾隆）《天津府志》，《天津通志》（舊志點校本上），天津：南開大學出版社，1999 年。

128. （清）黃掌綸：《長蘆鹽法志》卷一五《奏疏上》，北京：科學出版社，2009 年。

129. （清）許容、李迪：（乾隆）《甘肅通志》，《景印文淵閣四庫全書》史部第 315 冊，臺北：商務印書館，1983 年。

130. （清）和珅：（乾隆）《大清一統志》，《景印文淵閣四庫全書》史部第 232 ～241 冊，臺北：商務印書館，1983 年。

131. （清）穆彰阿、潘錫恩：（嘉慶）《大清一統志》，《續修四庫全書》第 613 ～624 冊，上海：上海古籍出版社，2002 年。

132. （清）沈銳、章過：（道光）《薊州志》，清道光十一年刻本。

133. （清）冷烜、王鎮：（道光）《濟南府志》，《中國地方志集成·山東府縣志輯》第 2 冊，上海：上海書店，1990 年。

134. （清）戴綱孫：（咸豐）《慶雲縣志》，臺北：成文出版社，1969 年。

135. （清）丁符九、談松林：（光緒）《寧河縣志》，《中國地方志集成·天津府縣志輯》第 6 冊，上海：上海書店，2004 年。

136. （清）沈家本、徐宗亮：（光緒）《重修天津府志》，《天津通志》（舊志點校本上），天津：南開大學出版社，1999 年。

137. （清）周家楣、繆荃孫：（光緒）《順天府志》，《續修四庫全書》第 683 ～686 冊，上海：上海古籍出版社，2002 年。

138. （清）李鴻章、黃彭年：（光緒）《畿輔通志》，《續修四庫全書》第 628 ～640 冊，上海：上海古籍出版社，2002 年。

139. （清）吳慧元、俞樾：（同治）《續天津縣志》，《天津通志》（舊志點校本中），天津：南開大學出版社，1999 年。

140. （民國）高凌雯：《天津縣新志》，《天津通志》（舊志點校本中），天津：南開大學出版社，1999 年。

141. （民國）王守恂：《天津政俗沿革記》，《天津通志》（舊制點校卷下），天津：南開大學出版社，1999 年。

142. （民國）仇錫廷：《重修薊縣志》，臺北：成文出版社，1969 年。

143. （民國）王德乾、劉樹鑫：《南皮縣志》，臺北：成文出版社，1968 年。

144. （民國）孫毓琇、賈恩紱：《鹽山新志》，臺北：成文出版社，1976 年。

145. （民國）滕紹周、王維賢：《遷安縣志》，臺北：成文出版社，1976 年。

146. （民國）董天華、李茂林：《盧龍縣志》，臺北：成文出版社，1968 年。

147. （民國）萬震宵、高遵章：《青縣志》，臺北：成文出版社，1968 年。

二、學術著作

1. 南炳文、湯綱：《明史》，上海：上海人民出版社，2003 年。

2. 南炳文：《明史新探》，北京：中華書局，2007 年。

3. 李小林、李晟文等：《明史研究備覽》，天津：天津教育出版社，1988 年。

4. 李治亭：《清史》，上海：上海人民出版社，2002 年。

5. 吳輯華：《明代海運及運河的研究》，臺北：中央研究院歷史語言研究所，1961 年。

6. 吳廷燮：《明督撫年表》，北京：中華書局，1982 年。

7. 羅爾綱：《綠營兵志》，北京：中華書局，1984 年。

8. 萬新平、濮文起：《天津史話》，上海：上海人民出版社，1986 年。

9. 卞僧慧：《天津史地知識》，天津市地名委員會辦公室，1987 年。

10. 天津社會科學院歷史研究所編著組：《天津簡史》，天津：天津人民出版社，1987 年。

11. 于志嘉：《明代軍戶世襲制度》，臺北：臺灣學生書局，1987 年。

12. 方放：《天津黃崖關長城志》，天津：天津古籍出版社，1988 年。

13. 郭蘊靜：《天津古代城市發展史》，天津：天津古籍出版社，1989 年。

14. 劉鑒唐、焦瑋主編：《津門談古》，天津：百花文藝出版社，1991 年。

15. 毛佩琦、王莉：《中國明代軍事史》，北京：人民出版社，1994 年。

16. 楊東梁、張浩：《中國清代軍事史》，北京：人民出版社，1994 年。

17. 毛佩琦、張自成：《中國明代政治史》，北京：人民出版社，1994 年。

18. 彭雲鶴：《明清漕運史》，北京：首都師範大學出版社，1995 年。

19. 鮑彥邦：《明代漕運研究》，廣州：暨南大學出版社，1995 年。

20. 李文治、江太新：《清代漕運》，北京：中華書局，1995 年。

21. 靳潤成：《明代總督巡撫轄區研究》，天津：天津古籍出版社，1996 年。

22. 張巨文：《天津通志・軍事志》，天津：天津社會科學院出版社，2001 年。

23. 高豔林：《天津人口研究（1404～1949）》，天津：天津人民出版社，2002 年。

24. 謝志忠：《明代兵備道制度》，臺北：明史研究小組，2002 年。

25. 王宏斌：《清代前期海防：思想與制度》，北京：社會科學文獻出版社，2002 年。

26. 張顯清：《明代政治史》，桂林：廣西師範大學出版社，2003 年。

27. 楊金森、范中義：《中國海防史》，北京：海洋出版社，2005 年。

28. 彭勇：《明代班軍制度研究》，北京：中央民族大學出版社，2006 年。

29. 韓嘉穀：《天津古史尋繹》，天津：天津古籍出版社，2006 年。

30. 張金奎：《明代衛所軍戶研究》，北京：線裝書局，2007 年。

31. 張德信：《明代職官年表》，合肥：黃山書社，2009 年。

32. 肖立軍：《明代省鎮營兵制與地方秩序》，天津：天津古籍出版社，2010 年。

三、論文

1. 鄭天挺：《清代的八旗兵和綠營兵》，《歷史教學》，1955 年第 1 期。

2. 南炳文、湯綱：《略論明代軍屯士卒的身份和軍屯的作用》，《南開史學》，1980 年第 1 期。

3. 南炳文：《明代兩畿魯豫的民養官馬制度》，《中華文史論叢》，1981 年第 2 期。

4. 南炳文：《明初的苑監官牧》，《南開學報》，1982 年第 5 期。

5. 南炳文：《明初軍制初探》，《南開史學》，1983 年第 1、2 期。

6. 南炳文：《解釋關於天津設衛建城紀念日的一個疑點》，《今晚報》，2004 年 11 月 16 日。

7. 南炳文：《關於天津設衛建城史的幾個問題》，《天津日報》，2004 年 12 月 20 日。

8. 南炳文：《天津史上不應忘卻的一個人物》，《今晚報》，2004 年 12 月 23 日。

9. 南炳文：《解開天津右衛創建史上的兩個謎團》，《中國地方志》，2005 年第 4 期。

10. 南炳文：《陳瑄未參加永樂天津築城考》，《天津文史·天津建城六百週年專輯》，2004 年。

11. 南炳文：《釋天津永樂二年設衛建城說的又一個疑點》，《今晚報》，2005 年 2 月 12 日。

12. 南炳文：《釋天津衛永樂三年創建說》，《經濟與文化研究》第 2 輯，2005 年。

13. 李龍潛：《明代軍戶制淺論》，《北京師範學院學報》，1982 年第 1 期。

14. 梁勇：《試論明代河北的衛所和軍屯》，《河北師範大學學報》，1987 年第 2 期。

15. 顧誠：《衛所制度在清代的變革》，《北京師範大學學報》，1988 年第 2 期。

16. 顧誠：《明帝國的疆土管理體制》，《歷史研究》，1989 年第 3 期。

17. 顧誠：《談明代的衛籍》，《北京師範大學學報》，1989 年第 5 期。

18. 王莉：《明代營兵制初探》，《北京師範大學學報》，1991 年第 2 期。

19. 冷東：《略論明朝初期軍事制度之演變》，《汕頭大學學報》，1992 年第 1 期。

20. 趙明：《明代兵制研究六十年之回顧》，《中國史研究動態》，1993 年第 8 期。

21. 肖立軍：《明嘉靖九邊營兵制考略》，《南開學報》，1994 年第 2 期。

22. 曹國慶：《試論明代的清軍制度》，《史學集刊》，1994 年第 3 期。

23. 方志遠：《明代的鎮守中官制度》，《文史》，1995 年第 40 期。

24. 范中義：《明代軍事思想簡論》，《歷史研究》，1996 年第 5 期。

25. 靳潤成：《明代天津巡撫及其轄區》，《歷史教學》，1996 年第 8 期。

26. 梁淼泰：《明代「九邊」的募兵》，《中國社會經濟史研究》，1997 年第 1 期。

27. 李巨瀾：《清代衛所制度述略》，《史學月刊》，2002 年第 3 期。

28. 高豔林：《明代天津人口與城市性質的變化》，《南開學報（哲學社會科學版》，2002 年第 1 期。

29. 張金奎：《二十年來明代軍制研究回顧》，《中國史研究動態》，2002 年第 10 期。

30. 郭紅：《明代衛所移民與地域文化的變遷》，《中國歷史地理論叢》，2003 年第 6 期。

31. 郭紅、于翠豔：《明代都司衛所制度與軍管型政區》，《軍事歷史研究》，2004 年第 4 期。

32. 肖立軍、張麗紅：《明代的天津總兵官》，《歷史教學》，2008 年第 4 期。

33. 肖立軍、王錫超：《明代天津築城置衛若干問題考辨》，《天津師範大學學報（社會科學版）》，2010 年第 5 期。

34. 王偉凱：《天津城區建設研究》，南開大學 2005 屆博士論文。